JN069640

改訂版

特別な支援を必要とする子どもの理解と教育

茨城大学教育学部障害児教育教室・
茨城大学教育学部附属特別支援学校 ◉編

かもがわ出版

はじめに

　本書は、4年前に刊行した『特別な支援を必要とする子どもの理解と教育』の改訂版です。この本は、教職科目において「特別支援教育」に関する科目を1単位以上取得することが義務付けられるようになったことを受けて、その科目のテキストとして使用できるように編集され、刊行されました。この科目は、国のほうで「コアカリキュラム」が示されている科目ですので、シラバスのなかに必ず含めなければならない項目が決められていますが、本書はそれらをすべて充足するかたちで編集しました。

　本書が刊行されてから4年が経ち、特別支援教育のかたちも変化しています。たとえば、国内の動向をみると、児童生徒の全体的な人数が減少するなかで、特別支援教育の対象者は増加の一途をたどっています。これは、特別支援学校や特別支援学級の学級数が増加し、併せてその教員を確保しなければならないということになり、日本各地において特別支援教育の担当者の確保が大きな課題となっています。また、この間、通常の学級に在籍する学習上・行動上の困難を抱える子どもの調査も行われ、4年前まで6.5％と言われていた通常の学級に在籍する学習困難児の割合が、8.8％に上昇していることも明らかになりました。

　一方で、国際的な動向では、この間、日本が国連障害者権利条約に批准し、インクルーシブ教育を推進するべく国内の法制度を含めて対応してきました。しかし、国連障害者権利委員会による履行状況調査の報告で、改善が必要な点があると指摘されました。このため、現在の特別支援教育のかたちが完成形なのではなく、今後さらに修正・発展させることが求められています。

　このように、本書の初版本が刊行されてからまだ4年しか経過していませんが、その間に特別な支援を必要とする子どもの状況はさまざまに変化してきました。特に、統計的な部分は4年前の数値で考えると、正確に現在の状況を理解することが難しくなる懸念があり、今回、改訂版を出すことにしました。

　もちろん、4年前からそれほど変わっていない内容もあります。たとえば、発達障害や肢体不自由の子どもなどの病理や指導方法の原則などは、この間、大きく変わったものではありません。そうした内容は、本書においても初版本と同じ内容が掲載されています。ただし、近年の動向をふまえ、聴覚障害児の指導方法に関する内容や、知的障害児の教科

学習に関する内容については、初版本の内容を踏襲しつつも、改訂した内容を掲載しました。

　また、本書から「言語障害」の章を新設しました。これは、全国的に「通級による指導」の拡充が検討されていることをふまえたものです。そのため、言語障害児の特徴を解説しつつも、そのなかに個別の指導計画の作成例や、通常の学級との連携（あるいは特別支援教育コーディネーターの役割）等を含めた内容を本書に掲載しました。このように、教員免許状を取得しようとするすべての学生が学ぶテキストとして、通常の学校での特別支援教育の実際を多く掲載した内容に改訂しました。

　この点でいえば、「貧困家庭の子ども」や「被虐待児」、あるいは「外国にルーツのある子ども」など、障害以外の理由で学習困難を抱える子どもの教育的対応について掲載している点は本書の特徴の一つです。これらの内容は、一部、掲載する箇所を変更しながら、初版本から継続して掲載しています。本書がこうした内容を含んだものであることが、文字通り、「すべての学習困難児を包摂する教育」について考えることができる本であると言える所以であると考えます。

　コロナ禍において、私たちは学校が果たすべき役割の大きさをあらためて実感しました。しかし、感染症がいったん落ち着き、学校が元通りになったとき、学校現場では不登校児が増加している現実に直面しています。こうした「教育の危機」が連続してやってくる時期には、特別支援教育が果たす役割はとても大きなものになるでしょう。一部の特別支援教育を専門に学ぶ人だけでなく、すべての教師を目指す人たちが、本書を通じて、特別支援を必要とする子どもたちの理解を深め、学校で実践するイメージを鮮明にしていただけたら幸いです。

　2023年7月

筆者を代表して

新井　英靖

目次

第Ⅰ部

特別な支援を必要とする
子どもの
教育の原理

第1章

インクルーシブ教育の基本的な考え方

第1節　インクルーシブ教育の国際的動向

　特別な支援を必要とする子どもの教育と関わって、近年「インクルーシブ教育」(inclusive education) の考え方が広がってきています。日本では「障害のある子どもと障害のない子どもが共に学ぶ」ことだと理解されることが多いのですが、本当にそうした理解で十分なのでしょうか。

　インクルーシブ教育の用語や理念は、1994年にユネスコ・スペイン政府の共催による「特別ニーズ教育に関する世界会議」で採択された「特別ニーズ教育における原則、政策、実践に関するサラマンカ声明と行動大綱」(以下「サラマンカ宣言」) を契機に、国際的に広がっていきました。まずはサラマンカ宣言から見てみましょう。

1. サラマンカ宣言と特別ニーズ教育

　障害のある子どもの教育の国際的動向を決定づけたといえるのが、サラマンカ宣言です。従来の障害のある子どもの教育は「特殊教育」と呼ばれ、それは特別な学校・学級における障害種別の教育を意味していました。それに対し特別ニーズ教育 (special needs education) は、特別な教育的ニーズに対する教育的施策・配慮を特別な場に限定せず、通常学級も合わせ、多様な場で保障するというものです。また、伝統的な障害児のカテゴリーにとらわれず、学習上の困難に直面する広範囲な子どもを対象にしようとしています。

　また、サラマンカ宣言は、インクルーシブ (包摂的) な学校における特別ニーズ教育の施策の推進を各国に呼びかけています。一般原則として、「特別な教育的ニーズを有する人々が十全の教育的進歩と社会的統合を達成する」ためにも、インクルーシブな学校が、「著しい不利と障害を有している子どもを含むすべての子どもを首尾よく教育することができる子ども中心の教育学を発展させる課題」をもち、カリキュラムの柔軟性、学校経営、

教職員の研修や外部サービスの問題などに言及されています。

　一方、特別な学校・学級も、通常の教育がニーズに合致しないような一部の子どもにとって必要であるとされ、それらはまた「インクルーシブな学校の発展にとって価値あるリソースとなりうる」こと、そこでの教育が通常の教育から「完全に分離される」ことがないようにすること、重度・重複障害児などへの「特別な注目が払われること」が求められています。

2. 統合教育からインクルーシブ教育へ

　サラマンカ宣言を境として、欧米やオセアニアなどの英語圏の国を中心に、1960年代から議論されてきた障害のある子どもと障害のない子どもの「インテグレーション」「統合教育」に代わって、「インクルージョン」「インクルーシブ教育」の用語や理念が急速に広がっていくようになりました。ただし日本では、統合教育とインクルーシブ教育の違いについてはまだ十分に理解が進んでいるとはいえません。

　両者の違いを整理するなら、統合教育がどちらかといえば「既存の通常学級システムに障害児を同化させる」という理念であるのに対し、インクルーシブ教育はそれを「越えて」、子ども観の修正、教育目的の再考などを含む「学校システムそれ自体の改革を要求している」（ユネスコ）といえるでしょう。

　統合教育は、基本的には障害のある子を対象とした施策であったし、それには限界があることが、1980年代にはすでに認識され始めていました。それは、特別な学校・学級の改革の議論・施策に止まり、通常の教育全体のあり方を問い直すまでに至らなかったからです。

　一方で、通常の学級に在籍しながらも授業内容が理解できないため他の子どもとは全く別のことを行っているケースもありますが、それでは共に学習することにはならず、真のインクルーシブ教育とはいえません。また、通常の授業についていける程度によって対応を分ける（完全統合、部分統合や抽出指導、特別学級等）というのは、一見現実的に思えますが、結果的に通常の教育への適応や同化を強いることになり、実際に多くの国で、再び不適応を起こして特別学校に戻る子どもも多く生み出してしまいました。

　そうした経緯を踏まえて、障害のある子どもだけでなくすべての子どもを視野に入れた改革を進め、その中に特別なニーズへの対応を位置づけていく必要性が認識されてきたのです。言い換えれば、統合教育が障害のある子どもの「分離か統合か」を問題にしたのに対し、インクルーシブ教育では、すべての子どもの多様なニーズを認め、特定の子どもを排除せずに学習への参加を保障するものであるということができます。

　ユネスコは2005年に『インクルージョンのための指針』、2009年に『教育におけるイン

クルージョンのための政策指針』（以下、それぞれ『05指針』『09指針』）を出しています。

『05指針』では、「インクルージョンはどのように定義されるか」の項で次のように述べられています。

> 「インクルージョンは、学習、文化、コミュニティへの参加を促進し、教育における、そして教育からの排除をなくしていくことを通して、すべての学習者のニーズの多様性に着目し対応するプロセスとしてみなされる。」（13頁）

学習等への参加、排除をなくす、多様性への着目と対応などが、インクルーシブ教育をめぐるキー概念であり、特に学習者の差違や多様性は、教授・学習上の「問題としてではなく、学習を豊かにする機会として捉える」べきものとされています。

また『09指針』では、次のようにも記述されています。

> 「インクルーシブ教育は、すべての子ども―民族的・言語的マイノリティ出身、過疎地の対象者、HIV/AIDSの影響を受けた、障害や学習上の困難のある少年・少女を含む―の要求を満たすための、そしてすべての青少年や成人に学習機会を提供するための、学校や他の教育施設の変革に関わるプロセスである。その目的は、人種、経済的地位、社会階級、エスニシティ、言語、宗教、ジェンダー、性的指向、能力における多様性に対する否定的態度、および多様性への対応の欠如の結果であるところの、排除を取り除くことである。」（4頁）

ユネスコの提起に従えば、インクルーシブ教育は決して「障害のある子とない子」という二分法ではなく、すべての学習者を対象としており、「共に学び共に育つ」というだけでは捉えきれない、あるいはそれだけで理解してはならないのです。

3. 障害者の権利条約とインクルーシブ教育の展望

21世紀に入り、国連は障害者の権利に関する条約（以下「障害者権利条約」）の策定に向け本格的に作業を開始し、2006年12月の第61回総会において条約は採択され、すでに批准国は2022年段階で185国に至っています。

障害者権利条約は、障害のある人に者に権利を実質的に平等に保障するための新たな概念として、「インクルージョン」や「合理的配慮」を掲げています。全体を通じた重要な原理・原則としては、「平等を基礎とした権利」の保障と「障害に基づく差別」の禁止（「合理的配慮の否定」も差別に含まれる）、「社会への完全かつ効果的な参加及びインクルージョ

ン」、地域社会での自立した生活、差異の尊重や障害者の多様性の承認、保健サービス、リハビリテーション等の保障、リクレーション・スポーツへの参加などがあげられる。とくに子どもについては「子どもの発達しつつある能力の尊重」と「アイデンティティを保持する権利」を忘れてはなりません。

そして第24条「教育」において、インクルーシブ教育の原則が採用されています。

> 1　締約国は、教育についての障害のある人の権利を認める。締約国は、この権利を差別なしに、かつ、機会の均等を基礎として実現するため、あらゆる段階のインクルーシブな教育制度及び生涯学習を確保する。当該教育制度及び生涯学習は次のことを目的とする。
> (a)人間の潜在能力並びに尊厳及び自己の価値についての意識を十分に発達させ、並びに人権、基本的自由及び人間の多様性の尊重を強化すること。
> (b)障害者が、その精神的及び身体的な能力のみならず、人格、才能及び創造力をその可能な最大限度まで発達させること。
> 　　　（インクルーシブ教育について政府公定訳では「障害者を包容する教育」と表記されている）

第2項以下では、一般教育制度（general education system）から排除されないこと、自己の生活する地域社会においてインクルーシブで質の高い教育にアクセスできること、点字、手話等のコミュニケーション手段の習得の保障等が定められています。

日本は2014年1月にようやく批准しましたが（141番目）、国際条約はその国で批准されれば一般法律より強い効力を有するので、これからの教育を展望するうえで、この条約の原則は重要な意味をもってきます。

インクルーシブ教育を単に特別な学校や学級を否定し通常の学級で教育することととらえてしまうと、例えば聾学校を自らのアイデンティティ形成の場と考えてきた多くの聴覚障害者から強い反発を招くことになるでしょう。また、重度の知的障害や自閉症、あるいは医療的ケアを要する子どもなど、小集団や個別の対応を必要とする子どものニーズにも応えるものになりません。

しかし他方で、障害があれば一律に特別支援学校・学級へ行くべきだというのも、本人のニーズを軽視・無視することとなるでしょう。

インクルーシブ教育の重要な論点の一つは、「分けるか分けないか」ではなく、さらには障害のある子どもの教育をどうするかにとどまらず、子ども一人ひとりのニーズが多様であることを踏まえ、一般の教育制度のカリキュラムや教授法の多様性や、クラス・集団編制の柔軟化などを含めた学校教育全体を改革することにあります。目指されているのは、特定の子どもを「排除」（エクスクルージョン）することなく、平等を基礎として学習

活動への参加を保障することであり、そのためには多様なニーズをもつ子どもに多様な学習の手段や方法が用意される必要があります。

通常学級に在籍しながら学習への参加が保障されず事実上排除されている子どもは、障害のある子どもだけでなく、いじめ・不登校の子、様々なマイノリティの子どもなど多岐にわたっています。多様なニーズに応えるには多様な形態や方法による選択肢が用意されなければならないし、通常学級の教育自体がもっと多様性をもつ必要があります。

インクルーシブ教育は、何か一つの決まった形態なのではなく、特別なニーズをもつ子どもの多様なニーズを認め、通常教育全体の改革を視野に入れ、排除をなくし学習活動への参加を保障する不断のプロセスと考えるべきでしょう。

4. SDGs と総括所見

国連は2015年に国連持続可能な開発目標を定めましたが、その第4目標（SDG4）は「質の高い教育」、すなわち「全ての人にインクルーシブで公正な質の高い教育を保障し、生涯学習を促進する」こととされています。インクルーシブ教育は教育全般の根本原理とされたのです。ターゲット（下位目標）4.5では、「2030年までに、教育におけるジェンダー格差を無くし、障害者、先住民族及び脆弱な立場にある子どもなど、弱者層があらゆるレベルの教育や職業訓練に平等にアクセスできるようにする」とされ、ターゲット4.aは「子ども、障害及びジェンダーに配慮した教育施設を構築・改良し、すべての人々に安全で非暴力的、包摂的、効果的な学習環境を提供できるようにする」とされました。

2016年には、国連障害者権利委員会が「インクルーシブ教育の権利に関する一般的意見第4号」を公表しました。排除、分離、統合とインクルージョンのそれぞれが定義され、明確に区別されました。他の三者が障害者を念頭に定義しているのに対し、インクルージョンは障害者に限定せず、「インクルージョンには、対象となる年齢層のすべての生徒に、公正な参加型の学習体験と、彼らのニーズと選好に最も合致した環境を提供することに貢献するというビジョンを伴った、障壁を克服するための教育内容、指導方法、アプローチ、組織体制及び方略の変更と修正を具体化した制度改革のプロセスが含まれます。たとえば組織、カリキュラム及び指導・学習方略などの構造的な変更を伴わずに障害のある生徒を通常学級に配置することは、インクルージョンになりません。さらに、統合は分離からインクルージョンへの移行を自動的に保障するものではない」と定義されています。

一方ユネスコは、SDG4をさらに具体的に推進すべく、2015年にユニセフや世界銀行などと共催で世界教育フォーラムを開催し、「インチョン宣言：2030年に向けた教育—万人のためのインクルーシブで公平な質の高い教育と生涯学習に向けて」と「行動大綱」を採択しています。行動大綱では上のターゲット4.aについて、「この目標は、障害の状態の背

景に関わりなく、万人の学習を促進する適切な物理的インフラと安全でインクルーシブな環境のニーズに着目している」と説明しています。

さらに2017年に「インクルージョンと構成に関するガイド」を、2021年にはインクルーシブな幼児期対策、インクルーシブな生涯学習、障害のある人のための学習環境に関する文書を立て続けに出版し、精力的にインクルーシブ教育の背策を推進しようとしています。

第2節　日本の特別支援教育とインクルーシブ教育システム

21世紀に入り、日本における障害のある子どもの教育も大きく変わりました。その基本的制度を定めている学校教育法の2006（平成18）年の改正によって、法令上「特殊教育」と表記されていたこれまでの教育を改め、2007（平成19）年度から「特別支援教育」の制度へと転換しました。次に、障害のある子どもの教育としての特別支援教育と、そこにおける「インクルーシブ教育システム」に焦点を当ててみましょう。

1. 特別支援教育の概要

特別支援教育とは、「障害のある子どもたちが自立し、社会参加するために必要な力を培うため、子ども一人一人の教育的ニーズを把握し、その可能性を最大限に伸ばし、生活や学習上の困難を改善または克服するため、適切な指導及び必要な支援を行うもの」とされています（文部科学省パンフレット『特別支援教育』より）。

障害のある子どものための特別の教育の場としては、後述するように、比較的障害の重い子どもを対象とする特別支援学校と、比較的障害の軽い子どもを対象とする特別支援学級、そして通常の学級に在籍する子どもが週の何時間か特別な指導を受けるための通級指導教室（通級による指導）があります。かつての盲学校、聾学校、養護学校は特別支援学校に、特殊学級は特別支援学級に改められましたが、現在でも盲・聾・養護学校の名称を用いている自治体もあります。

特別支援教育は上述の特別な教育の場だけで行われるのではなく、幼稚園から高校までの初等中等教育のすべての学校で、全校的に取り組まれるものとされています。重要な施策としては、すべての学校で特別支援教育コーディネーター（障害のある子どものニーズを把握し福祉機関などの関連機関との連絡・調整をしたり保護者の相談を受ける教員）が指名され、彼らを中心に特別な支援を必要とすると思われる子どもに関する校内委員会が開かれ

ること、必要とされる子どもには「個別の教育支援計画」（乳幼児期から学校卒業後までの一貫した長期的計画で、作成に当たっては、医療・福祉・労働などの関係機関との連携や保護者の参画が求められるもの）や、「個別の指導計画」（学校において作成され、単元や楽器、学年ごとの指導内容・方法を盛り込んだ計画）が作成されることが原則とされています。その実施率は年々高まっていますが、幼稚園と高校、そして私立学校ではいまだやや低い状態です。

　特別支援学校・学級に通う子どもたちの数、および通級による指導を受ける子どもの数はこの間急増しており、2021（令和3）年度には約63万7千人となり（特別支援学校約14万6千人、特別支援学級32万6千人、通級指16万5千人）、これは、全就学幼児・児童・生徒の約4.4％となります。その割合は、20世紀までは諸外国に比べて低い方でしたが（1995年度は0.9％）、現在ではそうとはいえなくなっています（表1-1）。

表1-1　特別支援教育対象児の推移

年	1995	2007	2011	2017	2019	2021
特別支援学校	86,834	108,173	126,123	141,944	144,434	146,285
特別支援学級	66,039	113,377	155,255	235,487	278,140	326,458
通級指導	16,700	45,240	65,360	108,946	134,185	146,697
合　計（人）	169,573	266,790	346,738	486,377	556,759	619,440

文部科学省『特別支援教育資料』より作成

　特別支援学校・学級はなお、建前としては障害の種類・程度別に設置されることになっていますが、実際には、重度の子どもが特別支援学級に在籍していたり、知的障害の子どもが通常学級にもかなり在籍する、逆に比較的軽度の子どもが特別支援学校に在籍するなど、すでに実態にそぐわないものとなってきています。

2. 特別支援学校

　学校教育法第72条では、特別支援学校は、視覚障害者、聴覚障害者、知的障害者、肢体不自由者又は病弱者（身体虚弱者を含む）に対して、「幼稚園から高校までの幼稚園、小学校、中学校又は高等学校に準ずる教育を施すとともに、障害による学習上又は生活上の困難を克服し自立を図るために必要な知識技能を授けることを目的とする」とされています。特別支援学校には一般の学校とは別の学習指導要領があり、各教科や特別活動等のほか、「自立活動」という独自の領域が設けられています。幼稚部、小学部、中学部、高等部（一部専攻科を含む）で組織され、一般の学校に対する助言・援助（いわゆるセンター的機能）を行うことも求められています。

　視覚障害対象の特別支援学校（盲学校）は、点字による学習が必要な程度の視覚障害者

を対象としていますが、義務教育段階では、知的障害を併せもつ子どもが増え、単一の視覚障害の場合は通常の学校に通学するケースが多くなってきています。

聴覚障害対象の特別支援学校（聾学校）は、補聴器を使っても聞き取りが困難な程度の者を対象としていますが、視覚障害学校ほどではないものの障害の重複化も進んでいます。単一の聴覚障害も依然として多いのですが、多くの子どもが学力上の困難を抱えています。

知的障害対象の特別支援学校は最も多くの数を占めていますが、自閉症（自閉スペクトラム症）を併せもつ子どもの割合が増えています。知的障害対象の教育では、各教科の指導とは別に、生活単元学習や作業学習といった「教科等を合わせた指導」も行われています。

肢体不自由対象の特別支援学校でも重度・重複化が進んでおり、「超重症児」といわれる医療的対応が常に必要な子どもも増えてきています。こうした子どもは教員を家庭等に派遣する「訪問教育」の対象とされていましたが、今日では学校でも医療的ケアを実施して、できる限り通学を保障するケースも増えています。

病弱対象の特別支援学校では、小児がん（白血病、骨肉腫なども含む）などホスピスの対象である子どもがいる一方で、（精神・神経疾患の診断で）いじめ・不登校の子どもが小集団でゆっくりした環境を求めて通って来るケースも多いです。

なお、近年では複数の障害種を対象とする特別支援学校が増加してきています。

3．特別支援学級と通級による指導

学校教育法第81条第2項では、「小学校、中学校、義務教育学校、高等学校及び中等教育学校には、次の各号のいずれかに該当する児童及び生徒のために、特別支援学級を置くことができる。」とされ、その対象として、知的障害者、肢体不自由者、身体虚弱者、弱視者、難聴者、その他があげられています。これに加えて、文科省の756号通知「障害のある児童生徒等に対する早期からの一貫した支援について」（2013年）で言語障害者、自閉症・情緒障害者も対象とされています。なお法律上は高校での設置も可能とされていますが、実際には設置されていません。

特別支援学級は都道府県、市町村によっても、また地域や各学校によってもその実態は相当の違いがあります。子どもが1人ないし2人しかいない学級もあれば、8人の子どもを1人の先生が受け持っている場合もあります。全国的に知的障害と自閉症・情緒障害の学級が多いです。かつては多かった言語障害や難聴対象の学級は、今日では通級指導教室に転換しているものが多いです。弱視学級は全国的に少なく、肢体不自由学級の設置は自治体によってまちまちです。

通級による指導は学校教育法施行規則第140条で、小学校、中学校、義務教育学校、高等学校及び中等教育学校における「特別の教育課程による」指導とされ、言語障害者、自閉症者、情緒障害者、弱視者、難聴者、学習障害者、注意欠陥多動性障害者、その他障害のある者で特別の教育課程による教育を行うことが適当なものが対象とされています。なお通級指導には、母校通級や他校通級、また教師が巡回指導をする場合や、特別支援学校に通級するケースもあります。指導の時間数はその子どもの状態などに応じて月1時間から週8時間までとされていますが、実際には週1〜2時間程度の指導を受ける子どもが圧倒的に多いです。「学級」については、その定数は法律で定められているのに対し（通常学級は35人学級化が学年進行で進められている。特別支援学級の定数は8人）、通級指導についてはそうした基準がないままでしたが、2017年度から教員配置の目安として13人の基礎定数が定められました。

　なお2018年度から、高等学校における通級による指導が制度化されました。

　1990年代半ばまで減少傾向にあった特別支援教育対象者はその後増加に転じ、とくに近年の特別支援学級と通級指導の児童生徒の増加が著しいです。また特別支援学校の多くが過密状態となり、教室不足など教育条件の悪化が進行しています。独自の特別支援学校設置基準は2021年度にようやく制定され、一部は22年度から、残りは23年度から施行されることとなりました。

4. 日本におけるインクルーシブ教育の可能性

　2010年、中教審に特別支援教育に関する特別委員会が設置され、2012年7月23日に中教審初等中等教育分科会「共生社会の形成に向けたインクルーシブ教育システム構築のための特別支援教育の推進」（報告）が出され増した。そこでは、「共生社会の形成に向けて、障害者の権利に関する条約に基づくインクルーシブ教育システムの理念が重要であり、その構築のため、特別支援教育を着実に進めていく必要があると考える。」「特別支援教育は、共生社会の形成に向けて、インクルーシブ教育システム構築のために必要不可欠なものである。そのため、……特別支援教育を発展させ、必要な制度改革を行う必要がある」とされていました。

　「インクルーシブ教育システム」の重要性を初めて公式に表明した点は画期的であると多くの関係者に受け止められています。しかし、報告の重点はあくまで特別支援教育の発展にあります。もちろん、報告にある「インクルーシブ教育システムにおいては、同じ場で共に学ぶことを追求するとともに、……小・中学校における通常の学級、通級による指導、特別支援学級、特別支援学校といった、連続性のある「多様な学びの場」を用意しておくこと」自体は重要です。しかし、そうした制度は特別支援教育としてすでに存在して

いるといえます。

　この報告を受ける形で、2013年9月に学校教育法施行令が改正され、障害のある子ども
の就学システムが変更されました。従来は特別支援学校の就学基準に該当する子どもは原
則として特別支援学校に就学指定されることになっていましたが、就学基準該当者のうち
市町村教育委員会が「特別支援学校認定就学者」と判断した者に対して、特別支援学校に
就学することとなりました。とはいえ、その後も特別支援学校の子どもは増加しています。

　さらに2013年度以降の文教予算には、「インクルーシブ教育システム構築事業」（後に「推
進事業」）の項目が位置づけられるようになりました（図1-3）。ただしその内容は、基本的
には早期支援システムや交流および共同学習、特別支援学校のセンター的機能、あるいは
合理的配慮など、中教審報告でいわれる「障害のある者と障害のない者が共に学ぶ仕組み」
に関わる特別支援教育の事業の一環として取り組まれ、特別支援教育関係予算に組み込ま
れています。

　国連やユネスコに見られる国際的流れにもかかわらず、日本のインクルーシブ教育シス
テムの施策は従来の方針を継続させています。

　そのような中で2022年9月、国連障害者権利委員会によるに日本政府に対する総括所見
が公表され、新聞等でも大きく報じられました。総括所見とは、批准国に義務付けられた
条約履行状況に関する政府報告と民間によるパラレルレポートの双方の内容や、委員会に
よる事前質問と政府からの回答などに基づく審査（権利委員会と日本政府とのいわゆる「建
設的対話」）を受けて作成されたものです。所見の51では、「障害のある子どもたちの分離
された特殊教育の存続」「医学ベースのアセスメント」「特別支援学級の存在」に対する懸
念が表明され、52の(a)では「分離された特殊教育を止めることを目指す」国家行動計画
の採択、(b)では障害のある子に対する通常学校の「非拒絶」原則と2022年4月の特別支
援学級関連の通知の撤回が「強く要請」されました。通知とは、正確には「特別支援学級及
び通級による指導の適切な運用について」のことであり、特別支援学級在籍児は半分以上
の授業を同学級で受けることを原則とするというものです。永岡文科大臣は記者会会見
で、特別支援教育を止めることも、通知の撤回も拒否していますが、日本におけるインク
ルーシブ教育を真に構築していくには、通常の教育それ自体の改革、例えば通常の学校で
の小規模学級の実現と全校的・地域的な支援体制の確立、通常学級での協同的な学びの充
実・発展などを早急に進めていく必要があるでしょう。

第3節　障害概念と子ども理解／合理的配慮の理念と実際

　これまで「障害」という用語を使ってきましたが、改めて障害とは何かを考えてみましょう。心理学的あるいは医学・生理学的な説明は後の章に譲るとして、ここでは社会的に障害がどのように捉えられてきたのか、そして、子どもを理解する上でどのように障害を考えればよいのかを考えます。まずは、これまでの障害の概念を振り返ってみましょう。

1.「異常・欠陥」の観念からWHO「国際障害分類」へ

　「障害」あるいは「障害のある（人）」という言葉から、一般的にどのようなことがイメージされるでしょうか。目が見えない、耳が聞こえない、といった「～ができない（人）」ということがまず浮かぶかもしれません。それは疾病や欠損などの状態が固定化した身体的・精神的な「異常」「欠陥」というとらえ方の反映であり、ややもするとその障害がその人全体の「特性」であるかのような先入観を与えかねないものです。こうした生物学的、病理的、医学的なとらえ方は、「医学モデル」とも称されます。

　最近では丁寧な表現をする場合、「障害者」でなく「障害のある人」ということが多くなりました。日本語に訳すと違いがわかりづらいですが、英語表記では、従来はディスエイブルド・パーソン（disabled person）といわれていたものが、今日ではパーソン・ウィズ・ディスアビリティーズ（person with disabilities）という場合が多くなり、単なる丁寧な表現というよりは、「障害」があることではなく、「人」であることを先に強調するというニュアンスが込められています。こうした障害（者）観が形成されるうえで重要な役割を果たしたのが、WHO（世界保健機関）の障害に関する考え方です。

　1980年にWHOは「国際障害分類」の試案を公表しました。その最大の特徴は、障害を「インペアメント」（機能・形態障害）、「ディスアビリティ」（能力障害）、「ハンディキャップ」（社会的不利）という3層の構造で捉えたことです（図1-1）。

図1-1　WHO国際障害分類（ICIDH）

視覚障害に即して整理してみましょう。

「機能・形態障害」とは、疾病や事故が原因で視覚にかかわる器官や神経系などの問題が生じ、目が見えなく（見えにくく）なるといった身体的機能のレベルにおける障害です。

「能力障害」とは、機能障害により通常の教科書や黒板に書かれているものが読めない、町中を自由に歩行することが困難になるといった、日常生活に必要な諸能力のレベルでの障害です。

「社会的不利」とは、「機能・形態障害」や「能力障害」の結果として、進学、就職、あるいは結婚などに不利を被るという、社会参加のレベルでの障害とすることができます。一般に使われることの多い「ハンディキャップ」は、もともとはゴルフなど競技での有能者・優秀者への負担、あるいは一般的な不利な条件を意味しますが、障害概念のうえではこうした「社会的不利」のことを指すものです。なお今日では、英語圏の国において、この言葉が差別的な響きをもつとして避けられるようになりました。

しかし、私たちの日常の意識のなかでは、こうした3層でのとらえ方はほとんどなされていません。ではなぜこのような概念が必要となるのでしょうか。

例えば、生物・医学的には裸眼であれば視力障害に相当する人は数多くいますが、眼鏡というものが作られたことにより、多くの人は文字の読み書きや運転免許の取得に支障をきたしていません。視覚障害者も、点字教科書によって学習へのニーズはかなり満たされるし、点字投票制度によって選挙権も行使できます。すなわち仮に「機能・形態障害」が同じレベルであっても、科学技術や医療の進歩、あるいは教育・福祉・社会保障の制度の充実度によって、「能力障害」や「社会的不利」の有り様は大きく左右されるのです。

どのような医療や教育、福祉を提供するかは個人の問題ではなく、社会の側の責任・役割であり、障害を3層に区別することによって、それぞれの分野・領域が主にかかわってくる層・レベルもより明らかになります。教育は主に能力障害にかかわる領域であるといえます。こうして、障害は単に個人に課せられた重荷ではなく、社会の側がアプローチする問題として捉えられるようになるのです。

2. 国際生活機能分類と特別支援教育

しかし、国際障害分類は、疾病や機能・形態障害から社会的不利へと一方向的な因果関係で障害を理解しており、結局は障害の原因を個人に求めているかのような誤解を与えてしまう面もありました。

そこでWHOは障害分類の改訂作業に着手し、2001年の総会で、新たに「国際生活機能分類」（ICF：正確には「生活機能、障害、健康に関する国際分類」）を採択しました。この目的は、「健康状況と健康関連状況を記述するための、統一的で標準的な言語と概念枠組み

を提供すること」で、「心身機能・身体構造」と「活動と参加」の2領域を包括して「生活機能」（functioning）とし、「身体、個人、社会という視点に立って」「基本的なリストに分けて記述」するものです（図1-2）。また、「臨床ツールとしてニーズの評価」や「教育ツールとしてカリキュラムの立案」にも適用され、「国際的な人権に関する諸規則・方針や、各国の法令を実施するための適切な手段を提供」するとされています。

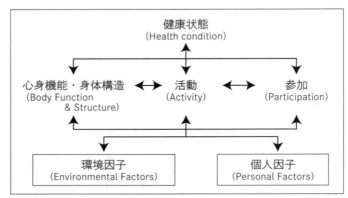

Functioning：状態、行為の総称、Disability：障害の総称

図1-2　WHO国際生活機能分類（ICF）

　国際障害分類における「機能・形態障害」「能力障害」「社会的不利」の3層は、それぞれ「機能障害（構造障害も含む）」「活動制限」「参加制約」のレベルでとらえ直され、さらに障害を規定する「背景因子」として「個人因子」と「環境因子」が設定されています。ICFにおいては、従来の「医学モデル」と、障害をつくりだす「環境の変更を社会全体の共同責任とする」「社会モデル」の「2つの対立するモデルの統合」が意図されています。

　国際生活機能分類は、「生活機能」を「問題のない（中立的な）側面の包括用語」とされ、それとの関係で「障害」をとらえようとしています。そこには、単に「できない」という否定的側面だけを見るのではなく、制約を受けていない面や長所も含め、さらに生活の歩みを考慮して多面的に子どもをとらえるべきであるという考え方に通じるものです。例えば「目が見えない」「耳が聞こえない」「歩けない」と言った面だけに着目するのではなく、点字や手話、車いすなどを使って「～する」という積極面をとらえることは重要でしょう。障害を知ることは、子ども全体を知ることの一環なのです。

　しかしこの分類では、各項目について困難の程度を5段階で評価するようになっており（たとえば「活動と参加」の「1.　学習と知識の応用」では、「注意して視る・聞く」「読み・書き・算」、「4.　運動・移動」では「姿勢の変換・保持」「歩行」など）、安易に用いると人間を様々な心身機能の要素に細かく分解して評価するという要素主義的な障害・子ども理解につながる危険もあります。もちろん様々な側面について多面的に評価すること自体は大切なこと

ですが、それらを合計すれば一人の子どもや人間が理解できるというものではありません。再び「〜できない」という面ばかりに着目することになり、障害だけ見て子どもをみないというようなことにならないよう、注意すべきです。

3. 子どもの内面を探り、まるごと理解する

　子どもの諸機能・諸能力をバラバラにとらえるのではなく、それらの機能がどのように連関して作用しているか、また子どもの目に見える活動や特徴の背後にある内面的な要求や葛藤は何か、それはどのような生活の背景からきているかを理解することが大切です。このことは、例えば知的障害や自閉症の子どもによく見られる、いわゆる「問題行動」に対するこれまでの多くの優れた実践や臨床研究が明らかにしてきています。

　一口に「問題行動」といっても様々です。何かに尋常でないほど執着したり、周囲の音や変化に過剰なまでに反応する、衝動的な行動、パニックになって奇声を発する等々。ただ、なかにはこちらの指示が通らない、従順でないことをもって、大人の都合で「問題行動」と決めつけられているものもあります。あるいは単にその障害の「特性」として片付けられてしまうこともあります。

　しかし、「こうしたい」「これは嫌だ」「わかってもらいたい」という自分の思いをうまく表現できず、その葛藤が問題行動という形になって現れることも多く、本人も苦しみ悩んでいるかもしれません。だからこそ子どもの内面を探る（理解する）努力が重要となっていくのではないでしょうか。

　もちろん、内面の理解ということが単に子どもの気持ちを尊重するということではないし、一方的な思い込みにならぬよう、実践や生活のなかで常に確かめていく必要があります。しかし、それを通して子どもの願い、あこがれ、あるいは悲しみや悔しさなどを共感的に理解することで、子どもの見方も変わり、それは日々の実践を変え、子ども自身を変えていく。そのような優れた実践の蓄積を、私たちは継承していかなければなりません。

4. 合理的配慮の考え方

　特別な支援をしていく上での重要な視点として、この間新たに浮上してきたのが、障害者権利条約で謳われている「合理的配慮」（reasonable accommodation）です。条約の第2条「定義」では、「『合理的配慮』とは、障害者が他の者との平等を基礎として全ての人権及び基本的自由を享有し、又は行使することを確保するための必要かつ適当な変更及び調整であって、特定の場合において必要とされるものであり、かつ、均衡を失した又は過度の負担を課さないものをいう。」と定義され、合理的配慮を提供しないことも差別の一つとされています。第24条「教育」でも、一般教育制度における合理的配慮の提供が規定さ

れています。

　これを受けて、日本でも2016年から障害者差別解消法が施行され、学校においても合理的配慮の提供が義務づけられました。しかしこの概念は比較的新しいもので、学校教育においていかに合理的配慮を提供するのかについては、今後とも検討が進められる必要があります。

　前述した2012年の中教審報告においても、合理的配慮について「障害のある子どもが、他の子どもと平等に「教育を受ける権利」を享有・行使することを確保するために、学校の設置者及び学校が必要かつ適当な変更・調整を行うことであり、障害のある子どもに対し、その状況に応じて、学校教育を受ける場合に個別に必要とされるもの」であり、「学校の設置者及び学校に対して、体制面、財政面において、均衡を失した又は過度の負担を課さないもの」とされています。学校の設置者と学校に課すという点が権利条約には見られない点ですが、他の内容はほぼ条約を踏襲しています。

　ただし、合理的配慮の具体的内容に関わる議論や、学校現場の対応を見ると、従来からなされてきた特別な支援あるいはそれに関わる教育的な配慮との区別は容易ではありません。障害種別ごとの配慮が想定されることも多いですが、本来ならば、個々の子ども（人）が置かれる具体的な場面や状況に応じて多様で個別的になされるべきものであり、障害種別に一般化されるものではありません。

　例えば、ある子どもが教材・教具や学習環境・条件について何かしらの調整・変更をすることにより通常の学級の（ある）授業や活動に参加できるとします。そして適切な調整・変更はなされて学習活動に参加できれば、他の子どもと平等に学習権を行使することになるし、配慮がなされず学習に参加できない（排除される）なら差別されたことになります。その内容は、座席の配慮から追加の教材・教具の配布、サポーターの配置など様々です。

　入学試験などでよく見られる措置として、身体障害のある受験生に対しては、拡大文字の試験問題を配付したり、試験時間を延長したりします。あるいは心理的に特別な配慮が必要な場合に別室で受験する、といったことがあげられます。

　合理的配慮の概念・規定は、現在のところ障害のある人（子ども）の教育、雇用、移動、情報保障などに関わるものが中心ですが、本来的には障害に限らず、特別な配慮や支援を必要とする様々な人（子ども）に適用されるべきものです。

　欧米では以前より「合理的配慮」あるいは「合理的調整」が実施されてきています。例えばイギリスの「合理的調整」の内容を見ると、とくに高度な専門的知識・技能を要するものではなく、むしろ人的なサポート体制が整備されているのが特徴です（表1-2）。日本でも参考になるのではないでしょうか。

表1-2　イギリスの学校における合理的調整の事例 (抜粋)

学校種と調整場面	対象児	主な関係スタッフ	合理的調整の内容
幼児学校 運動会	肢体不自由	体育コーディネーター	別の種目でなく、同じ種目をバージョンを変えてできるように (ボールのシュートの代わりに、斜面を使ったシュートなど)
高校 理科	視覚障害	教師、	実験の様子がわかる触覚教材、ピア・サポート
小学校 日常	病弱	全教職員	医療的ケアの研修
中学 教科学習	精神的疲労	学校として	ハーフ・タイムテーブル (1コマの授業時間を半分に)
小学校 日常	ADD＋アスペ+トゥレット	ティーチング・アシスタント (TA)	当人への同級生の関わり方の調整、クールダウンできる道具 (タイムアウトカードや、気持ちを落ち着かせるための「スナッグリーズ」と呼んでいる心地良いタイプの布地布)
中学 数学	聴覚障害 全生徒	担任と手話通訳者	ボディランゲージの活用 (他の生徒にとっても理解を促進)
中学 英語	ダウン症	サポート・アシスタント	絵を使い学習内容の多様化と理解促進

荒川 (2010) p.69 より抜粋

参考文献

・荒川智編著 (2008)『新体系看護学全書　教育学』メヂカルフレンド社

・荒川智編著 (2008)『インクルーシブ教育入門』クリエイツかもがわ

・荒川智編著 (2010)『障害のあるこの教育改革提言』全国障害者問題研究会出版部

・荒川智・越野和之 (2013)『インクルーシブ教育の本質を探る』全国障害者問題研究会出版部

・荒川智 (2015)「インクルーシブな教師教育の論点と動向」『障害者問題研究』第43巻第1号、26-33ページ

・荒川智 (2016)「特別の支援を必要とする子どもの教育に関する政策動向—日本語指導を中心に—」『茨城大学教育実践研究』第36号189-195ページ

・荒川智 (2018)「特別支援教育10年を検証する」『障害者問題研究』第44巻第4号、242-254ページ

・荒川智 (2021)「SDGsとインクルージョン—ユネスコ『教育における包摂と公正を確保するためのガイド』を手がかりに」『茨城大学全学教職センター研究報告 (2021)』、53-64ページ

・荒川智 (2022)「インクルーシブ教育と生涯固有のニーズ」『茨城大学全学教職センター研究報告 (2022)』、13-25ページ

第2章

障害のある子どもの教育課程と
個別の指導計画

第1節　特別支援教育の教育課程の特徴

1.　すべての子どもの学習を保障する教育課程

　教育課程とは、学校が用意する教育活動のすべてを取りまとめたものです。教育課程には、国語や算数などの各教科はもちろんのこと、特別の教科・道徳や総合的な学習の時間、修学旅行や遠足などの「特別活動」も含まれます。本書で取り上げている特別な支援を必要とする子どもの教育課程という視点で考えると、「すべての子ども」が十分に成長・発達することができるように、教育課程は編成されなければなりません。

　このとき、障害のある子どもを含めた「すべての子ども」が、同じ内容、同じ進度で学習計画を立てることが現実的に可能なのかどうかという点を考えることが必要です。もし、子どもの認識能力などによって学習する内容や指導方法を柔軟に変えることを許容するのだとしたら、どのくらいの能力差のある子どもまでが「同じ教育課程」で指導することが可能であるかという点を検討することが必要です。

　現在、特別支援教育の教育課程は、表2-1のように、子どもの障害や発達の程度によって、変えることができるようになっています。

　すなわち、1. は知的障害のない障害児に対して、基本的に教科書を使って、同学年の子どもと同様の学習を進めますが、「障害による学習上、生活上の困難」を改善・克服することをねらった「自立活動」の授業を実践することができる教育課程です。これを「準ずる教育」と呼び、視覚障害や聴覚障害、肢体不自由、病弱児の学校で適用されています。

　一方で、知的障害のある子どもの教育課程は、子どもの発達段階に応じた教科指導を展開しながら、自立活動の授業を時間割に入れることができるようになっています。ただし、知的障害児は各教科等で、生活から遊離した知識や技能を学習するよりも、生活の中の課題を取り上げて指導することが必要であるという理由から、「領域」や「教科」の内容の一

表2-1　特別支援教育の教育課程のパターン

1.「準ずる教育」の教育課程…当該学年の教育課程＋自立活動

●基本的に学年相応の教科書を用いて、通常の学級と同様の内容を学習する。
●障害による学習上、生活上の困難を改善・克服するための「自立活動」の時間を設ける。
知的障害のない障害児に適用する（視覚障害児・聴覚障害児・肢体不自由児・病弱児等）

2.「知的障害児教育」の教育課程…知的障害児の特性に応じた教育課程を編成

●各教科等の時間割を編成できるが、目標や教科書などは通常の学級とは異なる。
●「自立活動」の時間を設けることができる。
●「習得した知識が断片的になりやすい」という知的障害児の特性をふまえ、「各教科等を合わせた指導」（日常生活の指導／生活単元学習／遊びの指導／作業学習）がこれまで展開されてきた。
知的障害児に対して適用するが、知的障害のある視覚障害児・聴覚障害児・肢体不自由児・病弱児等にも適用できる

3.「自立活動中心」の教育課程…子どもの実態に応じて「自立活動」中心に編成

●時間割のほとんどを「自立活動」にする教育課程。
●ただし、リハビリのようなことばかりやっているのではなく、「自立活動」の視点をもちながら、「みる・きく」「ふれる」「うごく」など発達を促す取り組みを行っている。
●「音楽」「体育」「図工（美術）」などの教科は、時間割の中に入ることが多い。
重度・重複障害児に適用する（複数の障害を併せ有する重度障害児）

部や全部を「合わせた指導」を行うことができる特例が設けられています。

　こうした知的障害児の教育課程は基本的に知的障害児のための特別支援学校や特別支援学級で適用されていますが、たとえば知的障害のある難聴児が通っている聴覚特別支援学校など、「準ずる教育」を実施している学校でも適用できます（表2-1の2. 参照）。

　また、各教科に分けて学習する内容を用意することが難しい障害が重度かつ重複している子どもに対しては、時間割のすべてを「自立活動」として、教育活動のすべてにおいて障害に対する配慮や障害による学習上、生活上の困難を克服するための教育を展開することができる教育課程もあります（これを「自立活動中心」の教育課程と呼んでいます……表2-1の3. 参照）。

2. 特別支援学級の教育課程と授業づくり

　特別支援学級は、通常の学校のなかに設置されています。通常の学校に通う子どもは、基本的には当該学年の教科書を使って授業が展開されますが、障害があるために通常の学級における指導では十分に指導の効果を上げることが難しい場合には、その障害の状態や程度等に応じて、特別な教育課程を編成して指導することができるようになっています（学校教育法施行規則第138条）。具体的には、特別支援学級は、図2-1のような障害のある子どもを対象としています。

　この図からわかるように、知的障害のある児童生徒に対する教育課程を除き、障害のある子どもへの教育課程は、当該学年の教科書を使って、他の子どもと同様の授業を行うこ

とになっています。しか
し、これは「内容が基本的
に同じ」という意味であり、
同じ進度で、同じ方法を用
いて行うというわけではあ
りません。

　たとえば、弱視の子ども
に対する教育では、教科書
を使って指導しますが、教
科書を拡大したり、拡大鏡
を用いて「視覚」に十分配

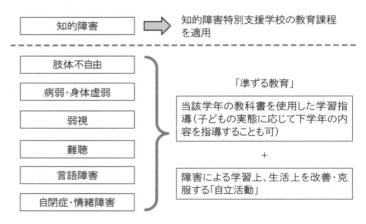

図2-1　特別支援学級の種類と教育課程の特徴

慮した指導を行っています。また、情緒障害の子どもに対しては、通ってくる子どもの「その日の気持ち」を考慮しながら、授業の進め方を緩めたりするなど、「特別な配慮」のなかで授業が展開されています。そのため、場合によっては、当該学年よりも前の学習内容を取り扱うこともあり、柔軟に学習指導を行っています。

3. 通級による指導の特徴と教育課程

　前節で取り上げた特別支援学級は、子どもの主たる学籍を通常の学級から移したケースです。つまり、基本的に「特別支援学級に籍を置く」子どもであり、通常の学級の授業に部分的に参加することはあっても、通知表など主たる担任教師が担当する職務は特別支援学級の担任が責任をもつことになります。

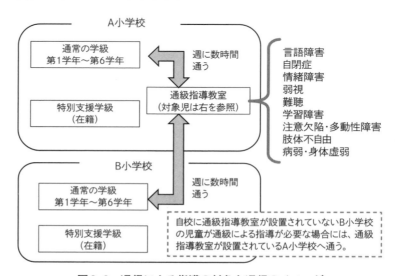

図2-2　通級による指導の対象と通級のイメージ

一方で、学籍を通常の学級に置きながら、週に数時間だけ特別な指導を受けるために「通級指導教室」に通うこともできます。こうした特別支援を「通級による指導」と呼びます。

　通級指導教室は前節で取り上げた言語障害や情緒障害に加え、学習障害や注意欠陥多動性障害（ADHD）などの発達障害児にも広げて対象としています。ここに通う子どもたちは、各教科等の指導は通常の学級で受けることになっていますので、通級指導教室に通っている時間以外は他の子どもと同じ内容、同じ進度で学習が進められます。

　ただし、通常の学級で学習できる内容には、自立活動の部分がありません。たとえ、通常の学級で学習を進められる子どもであっても、自身の障害を理解したり、学校や日常生活のなかで障害によって生じる困難を改善・克服する方法について学ぶことは大切であるという理由から、自立活動の時間が設けられています。

　以上のような目的を達成するために、「通級指導教室」を設置し、週に数時間程度、特別支援を受けることができるのが「通級指導教室」です。2020年の時点で通級指導教室を利用している子どもは全国で16万人を超えていて、近年、増加傾向にあります。

　通級指導教室へ通う方法としては、学区の学校に通級指導教室が設置されている場合は、ある時間だけ学校内の別の教室へ行き、通級による指導を受けることになります（自校通級）。しかし、全国的に見ると、すべての学校に通級指導教室が設置されているわけではありませんので、そうした場合には他校へ通級している子どももいます。

第2節　障害特性に応じた自立活動の実際

1. 自立活動の指導とは何か

　自立活動の指導とは、「個々の幼児児童生徒が自立を目指し、障害による学習上又は生活上の困難を主体的に改善・克服しようとする取組を促す教育活動」であるとされています（『特別支援学校教育要領・学習指導要領解説自立活動編』2018年、p23）。例えば、ダウン症のように、発音が不明瞭で聞き取りにくさが見られる障害特性の子どもに構音指導をしたいと考えたときには、一般的には国語や日常生活の中で指導しようと思うでしょう。しかし、それぞれの学習には各教科等の目標や内容があり、発音・発語に焦点を当てて指導しようとすることが難しい場合があります。

　その子にとって必要な学習であるにもかかわらず、一般の教育課程ではその指導ができないとき、特別支援教育では「自立活動」という指導を行うことができます。前述の例で

いえば、障害に起因（ダウン症の障害特性）する「学習上又は生活上の困難」（発音の不明瞭さ）を克服するための知識・技能（構音指導）を自立活動で行うということになります。

　自立活動は以下の点に留意することが必要です。一つ目は、学習上又は生活上の困難の原因が、あくまでも「障害」に起因するものを主として取り上げるということです。具体的には、心理検査など客観的なアセスメントを参考にして、学習上又は生活上の困難と障害との関係を適切に把握することが求められます。必要に応じて、言語聴覚士（ST）や理学療法士（PT）、作業療法士（OT）等の専門家から助言を受け、実態把握や指導内容の設定にいかしていくことも重要です。そのため、外部専門家との連携の体制を整備することも必要となってきます。自立活動は、特別支援学校学習指導要領に六つの柱（「1　健康の保持」「2　心理的な安定」「3　人間関係の形成」「4　環境の把握」「5　身体の動き」「6　コミュニケーション」）をさらに27項目に区分して細かく指導内容が示されているので、それを参考にして個々の実態に合わせて指導内容を決めていきます。

　二つ目は、障害に起因する困難さは、たとえ同一障害であったとしても、子ども一人ひとり異なっているので、自立活動の指導も基本的に一人ひとりの実態に応じて変わるということです。ただし、コミュニケーション力を育てる指導などでは、目標に応じて集団で行うことも考えられます。その場合でも個に応じた指導を計画する必要があります。

　自立活動の指導は、「教育活動全体を通じた自立活動（教科等の指導の中での自立活動を含む）」と「時間における自立活動」に区分され、それらを関連付けて指導を行うことが重要です。障害に起因する困難さは、特定の場面に限定されたものではなく、子どもの日常生活全般に関係しています。そのため自立活動では、学習の成果が授業場面だけではなく日常生活場面で発揮されるように指導することが必要です。

2.　自立活動の授業の実際─教育活動全体を通じた自立活動─

　教育活動を通じた自立活動の指導については、近年「合理的配慮」との関連性を考慮することが重要であるとされています。「合理的配慮」とは、「障害のある子どもが、他の子どもと平等に『教育を受ける権利』を享有・行使することを確保するために、学校の設置者及び学校が必要かつ適当な変更・調整を行うこと」であり、それは「その状況に応じて、学校教育を受ける場合に個別に必要とされるもの」であるとされています（『特別支援学校教育要領・学習指導要領解説自立活動編』2018年、p16）。これは、子どもの視点に立って、学校の環境資源の設備や子どもの学習環境を見直し、すべての子どもの学習への参加が高まるような配慮を行っていくことが重要です。具体的には、学校の環境整備と子どもに対する学習支援の二つの側面から説明します。

　最初に、学校の環境整備については、学習への参加の基盤を整えるといったことを目的

に実践されることが多いといえます。例えば、一般的に知的障害のある子どもは新しい情報などを取り込むことの難しさがあるといわれます。特に、話し言葉の指示や説明は形に残らないため、指示内容を記憶し、スムーズに活動に取り組むことが難しい傾向があります。また、発達障害の子どもは、抽象的な言葉や言い回しの理解が難しく、注意の切り替えができなかったり、複数のことを同時に行ったりすることが苦手であるといわれています。そのため、指示や説明のどこに注目するかを判断できず、スムーズに活動に取り組むことが難しい場合があります。これは、聴覚情報だけでは理解が難しいということを示しています。そこで、絵や文字カードを使った日課表や学習予定表を作成し、それを提示したり、掲示したりして視覚的に伝えるようにします。記憶保持や聴覚情報処理の苦手さに対して、それらを子どもが確認することでスムーズに活動に参加できるようにしていきます。教師はこうした環境整備の中で、活動への見通しがもてないことで不安にならないように、「何を見ると分かりますか。」やボードを指さししながら「ここには何て書いてあるでしょう。」など、子どもの自発的な気付きを促すような支援をし、子ども自身が周囲の環境に参加していくことができるようにします。

〈スケジュールボード〉

全体で提示する場合と個々の子どもに応じ、個別に用意する場合もある。子どもの理解が進むにつれて、あえて使用しないこともある。子どものねらいに応じ、柔軟に活用する。

次に、学習としては、認知的な特性に応じた環境設定や働き掛けの工夫などを中心に実践されています。例えば、一般的に知的障害や発達障害の子どもは、集中が途切れやすく、一つのことに集中し続けることが難しいといわれています。そこで、学習環境を整えて課題に集中しやすいようにすることが必要です。必要な情報が確実に入るように、カーテンを閉めたり、教室前方は最低限の掲示にしたりして、黒板や教師の説明に注目できるようにしています。また、ワークシートを使用した学習の際には、プリントやペンを入れるケースを用意し、終わったら何をしたらよいのか分かりやすくしたり、あとどのくらいで終わるのか見通しをもつことができるようにしたりすることで、学習への集中が持続できるようしています。このとき教師は、「先生を見てください。」「今から大切なお話をしますよ。」

などの言葉掛けをし、子どもの注意を引き付けたことを確認してから、具体的な言葉で説明を始めることも大切です。また、ワークシートを最後まで続けられないときは、「○枚終わっていますよ。頑張っていますね。」「あと○枚で終わりです。」など、子どもに見通しをもたせながら、称賛や励ましの言葉かけをすることを意識して実践することが重要です。

3. 自立活動の授業の実際—時間における自立活動—

　次に、時間割に位置付けて行う自立活動の授業について、茨城大学教育学部附属特別支援学校小学部の実践をもとに紹介していきます。茨城大学教育学部附属特別支援学校小学部では、以下のような四つのグループをつくり、児童の実態に応じて個別や小グループでの自立活動を行っています。

チームA (Autism)	他者とのやりとりに困難さをもつ児童（主に自閉的な傾向を示す児童）に対して、コミュニケーション力の向上に焦点を当てて指導するグループ。教師と1対1のやりとりや小集団でのやりとりの学習を通して、他者の意図理解などを目指す。
チームB (Body)	身体の動きに困難さをもつ児童に対して、身体の動きのぎこちなさに焦点を当てて指導するグループ。作業学療法士（OT）等の専門家からの助言を受けながら、自分の身体への意識を高め、動きのぎこちなさによる困難を軽減していくことを目指す。
チームC (Communication)	様々な原因により発音が不明瞭で、言葉が相手に上手く伝わらない児童（主にダウン症児）に対して、発音・発語に焦点を当てて指導するグループ。言語療法士（ST）等の専門家からの助言を受けながら、舌・口・息等の使い方の改善や言語によるコミュニケーションの充実を目指す。
チームM (Movement)	他者との関係づくりが苦手な児童に対して、他者との人間関係を築くことに焦点を当てて指導するグループ。教師とペアとなって、揺らされたり、運ばれたりする「動き」を媒介としたプログラムを組み、他者（パートナー）との安心できる人間関係を築くことを目指す。

　各チームに所属する児童は、同じような障害特性をもっていますが、その困難さや程度は一人一人異なります。そこで、グループごとにアセスメントシートを作成し、丁寧にアセスメントを行っています。その児童に合った指導プログラムを作っていくことが、児童

が困難を克服していくために大切なことだと考えます。このような時間における自立活動を継続して取り組むことで、少しずつ子どもには変化が現れるようになってきます。

　例えば、チームMの実践では、教師とペアになって取り組む際に、緊張して教師に身体を預けることが難しかった子どもが、徐々に安心して身体を預けることができるようになってきます。さらに、他の授業場面でも教師と視線を共有したり、教師が話をしていると自然にそちらを注目するような相手を意識したりする様子が見られるようになってきます。このように、身体を介して関係性を構築することで、相手を意識するというコミュニケーションや学習の基盤となるような力を育成することができます。

　チームAでは、教師と一対一の状況の中で、子どもにとって面白く、見通しをもちやすいゲームを介し、相手を意識しながら、適切な言語コミュニケーションを促すことを目標に活動します。その中で、「～を取って下さい。」や「次お願いします。」などの言葉を自発的に使うことができるようになってきます。時間における指導で使うことができるようになった言葉や表現を「こういう時には、何と言いますか。」など、教師が他の場面にも活用できるように促すことで、徐々に日常の他の場面でも活用することができるようになってきます。

　チームCでは、音韻意識を高めたり、ターゲット音を設定し、内容を焦点化・専門化したりして指導を行うことで、発音が少しずつ明瞭になってきます。また、時間における指導でも、訓練的な実践にはせず、コミュニケーションの楽しさを十分に味わうことを重視しているので、日常生活場面でも積極的にコミュニケーションを楽しもうとするようになってきます。その上で、時間における指導の成果として、さらに発音が明瞭になり、コミュニケーションがよりスムーズに取れるようになるという相乗効果が現れるようになってきます。

　チームBでは、個々の子どもの苦手な動きに焦点化して指導していくので、動きの質が向上します。ここでも、チームCと同様に専門的に実践しても、訓練的にならないように配慮し、自分で身体を使って動くことの楽しさを味わうことができるようにすることで日常生活場面でも積極的に身体を使う態度を育成できるようにしています。「動けるようになったことでもっと動きたくなる。」というような正の連鎖を生み出すことが重要です。

参考文献
・新井英靖・茨城大学附属特別支援学校（2009）『障害特性に応じた指導と自立活動』明治図書
・新井英靖・茨城大学附属特別支援学校（2022）『「自立活動」の授業づくり』明治図書

第3節　個別の指導計画と教育支援計画

1. 個別の教育支援計画で支援の方針を共有する

　個別の教育支援計画は障害者基本計画による個別の支援計画のうち、教育機関が中心となって策定する計画であり、障害のある子ども一人ひとりのニーズを正確に把握し、乳幼児期から学校卒業後までを通じて一貫した的確な支援を行うことを目的として策定されるものです。現在の支援を次の教育機関に引き継ぐとともに、本人や保護者を取り巻く医療・保健・福祉・労働等の関係機諸機関が共に支援を考え、連携するためのツールと言えます。策定・活用することで必要な支援、関係機関の役割が明確になるとともに、支援の記録によって、必要な情報が引き継がれ、長期的な視点に立った一貫した支援につながります。

　個別の教育支援計画は、作成の対象となる子どもの在籍する学級の担任や特別支援コーディネーター等が作成します。決められた様式はなく、市町村や学校の状況に応じて作成していますが、おおよそ「本人に関する基本情報」「本人・保護者の希望と支援の方針」「学校（園）における合理的配慮」「関係諸機関による具体的な支援内容」「評価と今後の課題」を記載します。定期的に見直し、必要に応じて加筆・修正することも大切です。様式については、次頁に茨城県教育委員会の例を示します。

　また、関係諸機関と情報を共有するにあたっては、事前に保護者の了解を得るなど、個人情報の取り扱いには十分な配慮が必要です。

　個別の教育支援計画のスタートは「本人・保護者の希望」であり、「こんなふうに生きたい」「こんなことをしたい」という「夢」と「希望」の実現、豊かな生活に向けて、関係機関がそれぞれの立場で話し合い、つながり、役割を分担し、スムーズな支援につなげるためのツールと言えます。

　なお、「共生社会の形成に向けたインクルーシブ教育システム構築のための特別支援教育の推進（報告）」において、合理的配慮とは「障害のある子どもが、他の子どもと平等に『教育を受ける権利』を享有・行使することを確保するために、学校の設置者及び学校が必要かつ適当な変更・調整を行うことであり、障害のある子どもに対し、その状況に応じて、学校教育を受ける場合に個別に必要とされるもの」とされています。そのため、子どもの実態と教育環境の状況を踏まえて、学校と本人・保護者が十分に話し合い、合理的配慮について、合意形成を図った上で決定し、提供されることが望ましく、その内容は個別

個別の教育支援計画の様式例

個別の教育支援計画

※小学校通常の学級に在籍する児童の場合

		記入者	○○○○
			（○○市立○○小学校）
			平成27年5月22日（新規・更新）

生徒氏名（性別）	A（男）	住　　所	○○市△△町1－2－3
在 籍 校 ・ 学 級	6年2組	主な関係機関	○○市立病院
特 別 支 援 学 級 等	通級指導教室（情緒）	及び関係者	県立○○特別支援学校地域支援センター
特別支援教育の主訴	【障害等】広汎性発達障害　　【その他の理由】対人関係・社会性，学習の遅れ		

これまでの支援内容及び支援上の課題

・4年生の時，対人関係がうまくいかず，友達から気になることを言われるようになったのがきっかけで，不登校傾向になり，5年生より同小学校通級指導教室（情緒）で指導を受けている。
・自分の興味あること（自動車，好きなTV番組，歴史的事象等）に対しては取り組みが良い。
・進んで話をしたがるが一方的になることが多く，話題が生活年齢に比べて幼い面がある。

現在の生活・将来の生活に関する希望

本人の希望	・友達と仲良くしたい。 ・自動車や歴史のことをたくさん知りたい。	
保護者の希望	・毎日楽しく学校生活を送って欲しい。 ・友達とのかかわりを増やして欲しい。 ・苦手なことにも前向きに取り組んで欲しい。	本人及び保護者との話し合いに基づいて記入する。

本人・保護者の希望を基にした長期目標

現在の生活の充実のための目標	◎自分の好きなことや得意なことを増やし，生活の中で打ち込めることを見出すことができる。 ◎集団の中の一員として人とのかかわりを増やし，自分の気持ちや意見を相手に分かるように伝える（伝えようとする）ことができる。
学校卒業後の社会参加を目指した目標	◎身のまわりのことは自分で行えるように基本的な生活習慣を身に付けることができる。 ◎自分の適性を知り，自ら進んで身近な職業や将来の進路先について調べることができる。

関係機関等による具体的な支援内容（短期目標）

	家庭生活支援	福祉／地域余暇生活支援	医療・健康	専門相談 （進路・療育・教育相談等）
担当者	保護者	学童保育　○○指導員	○○市立病院臨床心理士	○○特別支援学校 Co.
支援内容等	・買い物や交通機関の利用等積極的に社会に出かけて直接体験できるようにする。	・集団活動を設定し，友達とのかかわりの中で自分の意見を伝えられるようにする。	・月1回受診し，カウンセリングを受け，対人関係スキルを身に付ける。	・授業見学や進路相談等をとおして，進路先について見通しをもつ。

在籍校における学習支援（「個別の指導計画」に支援の手立てや評価を記入）

学校で必要とされる合理的配慮	・教科の学習では，数学に対する苦手意識が強いため，小学校4年生程度の内容をもとに日常生活に関連の深い課題を精選する。【(1)-1-2】 ・言語によるやりとりが上手くできず，友達との意見の食い違い等が生じやすいため，必要に応じて教師が仲立ちをして，適切なコミュニケーションを促す。【(1)-2-1】 ※一部のみ掲載

在籍学級及び学校全体における支援	支援場面及び担当者		具体的な支援内容
	全般	学級担任	○自分の気持ちや考えを自分から伝え，難しい時は教師が仲立ちすることで，相手と言葉のやりとりをすることができる。
短期目標（学期ごと）を具体的に記入する。	算数	学級担任	○小数及び分数の加法・減法に関するきまりを理解し，自分で答えを導くことができる。 ※一部のみ掲載

特別支援学級等における支援	支援場面及び担当者		具体的な支援内容
	自立活動	通級指導教室担当	○小数及び分数の加法・減法を使ったすごろくゲームをとおして，自分の考えを整理し，相手に分かりやすく伝えることができる。 ○身近なできごとを，筋道を立てて説明し，原稿用紙に正しく書くことができる。 ※一部のみ掲載

具体的な支援内容（目標）に対する評価及び今後の課題

【平成　年　月　日】	【平成　年　月　日】	【平成　年　月　日】
		学期末に短期目標に対する評価を行い，今後への課題を明確化する。

担任確認欄	平成　年度 月　日	印	平成　年度 月　日	印	平成　年度 月　日	印	保護者確認欄		

茨城県教育委員会（2018）「個別の教育支援計画活用ガイドブック　活用しよう！『個別の教育支援計画』」より

の教育支援計画に明記し、個別の指導計画にも活用されることが大切です。その一例としては、次のような配慮が挙げられています。

※合理的配慮の例
　・言葉だけを聴いて理解したり意思疎通が困難な子どもに対して、絵や写真カード、ICT等を活用して、自己選択、自己決定を促す。
　・聴覚が過敏であるため、話を聞く時の座席などの環境、教師の声の大きさを配慮する。集団での活動においては、必要に応じてイヤーマフを活用する。

2. 個別の指導計画で具体的な指導の手立てを考える

　個別の指導計画とは、一人ひとりの子どもの障害の状況等に応じた指導が行えるよう、学校における教育課程や指導計画、その子どもの個別の教育支援計画を踏まえて、より具体的に一人ひとりの教育的ニーズに対応して、指導目標や指導内容・方法等を盛り込んだ計画です。様式は「子どもの実態」「長期・短期目標」「指導の手立て」「指導内容・方法」「子どもの様子・評価」で構成されていることが多く、学校や市町村で決めているところもあります。個別の指導計画に基づく指導は右にRPDCAサイクルに沿って行います（図2-3）。内容等については、個別面談等で、本人や保護者との合意形成を図った上で取り組んでいくことが大切です。

　具体的には、以下のような手順で個別の指導計画を作成していきます。

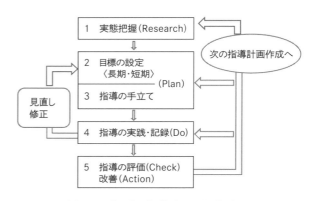

図2-3　個別の指導計画の作成手順

①実態把握

　子どもの障害の状態、生活・学習の様子などを把握します。子どもの日常の様子を十分に観察するとともに保護者から様子を聞き取ったり、他の教師と子どもの様子について情報交換したりします。必要に応じてチェックリストや心理検査などを活用するなど、多面的にとらえることが大切です。

②目標設定

　長期目標（1年後を想定した目標）とそれを踏まえた短期目標（1学期あるいは半期ごとの目標）を設定します。本人や保護者の願いを基に、将来の生活を見通して、子どもの困難なことだけではなく、少し頑張ればできること、達成できるであろう目標を設定すること、子どもの好きなこと、得意なことに目を向けることも大切です。明確な評価につながるよ

う行動面における具体的、段階的な目標とします。（○回、△分間〜ができるなど）

③指導の手立て

　指導目標を達成できるための指導内容、方法等を明確にします。子どもの実態に基づき、その姿が見える、具体的な手立ての工夫を心がけましょう。

④指導の実践・記録

　指導目標に基づいて指導を行います。日々の子どもの様子（目標の達成度、取り組みの様子など）を記録し、変容を見るとともに、指導計画が適切かどうかを常に見直すことも大切です。

⑤評価と改善

　目標の達成状況や手立てについて評価し、保護者と共有します。次の指導計画作成につながります。

　個別の指導計画を作成・活用することにより、子どもの様子、指導の目標や手立てが明確になり、授業実践を通して、評価へとつながります。そして、その一連の流れがより適切な指導に結び付くと言えます。また、保護者、教員間で内容についての共通理解を図ることにより、共通した支援ができることで、指導内容を生活全般に般化することもできます。このように、個別の教育支援計画の策定と個別の指導計画の作成、その活用は子ども

〈個別の指導計画の様式例〉

個別の指導計画〈前期〉　　　　　　　　　　　　　　　　　　　　小学部　1年2組　○○　○○

長期目標	・新しい生活の流れが分かり、教師に思いを伝えながら、楽しく過ごすことができる。 　（→ここでの長期目標は生活全般に関わる目標を示す）		
領域・教科	目　　標	指導の手立て	評　　価
日常生活の指導	・制服のボタンのとめはずしができる。	・ボタン付けの糸とボタンホールの色を同じにすることで、どこに入れるのかが分かるようにする。 ・小さいボタンからはじめ、教師が手を添えて、左手で布を引っ張るようにし、右手でボタンをつまみ、ホールに入れる動きを覚えることができるようにする。	・最初はボタンを真っ直ぐに入れようとすることがありましたが、指先でつまみ、ボタンを傾けて入れることができるようになってきました。直径2cmのボタンはホールをよく見て、一人でとめることができました。
国　語	・自分の名前につく平仮名が分かり、名前の順番にカードを並べることができる。	・平仮名探しゲームで「みかんのみ」のようにイラストと平仮名を合わせて文字をとらえることができるようにする。 ・平仮名カードの読みを1文字ずつ確認してから、並べるようにする。	・時折、「ま」と「み」が反対になってしまうことがありましたが、教師と一緒に文字の形や読みを確かめることで、正しく並べることができました。 ・生活の中で、自分の名前の文字を見つけることもできるようになってきました。

の生活の一瞬一瞬をよりよいものにするとともに、子どもを取り巻く多くの人（関係諸機関）のつながりを作り、支援を共に進め、将来の生活をより充実させるために重要なものと言えます。

参考文献

・茨城県教育研修センター特別支援教育課（2016）「特別支援学級スタート応援ブック　学級経営編」（第二版）
http://www2.center.ibk.ed.jp/contents/kenshuushiryou/tokubetsushien/siryou/H23-24kenkyu/b0.pdf
（2019年3月最終閲覧）

・茨城県教育委員会（2016）「特別支援学校活用ガイドブック　幼稚園、小・中学校、高等学校と特別支援学校との連携による特別支援教育の推進のために」
https://www.edu.pref.ibaraki.jp/board/gakkou/tokubetsushien/siryou/h27katsuyoubook.pdf（2019年3月最終閲覧）

・茨城県教育委員会（2018）「個別の教育支援計画活用ガイドブック　活用しよう！『個別の教育支援計画』」
https://www.edu.pref.ibaraki.jp/board/gakkou/tokubetsushien/siryou/kobetubook.pdf（2019年3月最終閲覧）

第3章

通常の学級に在籍する
学習困難のある子どもの教育

第1節　通常の学級に在籍する子どもの学習困難と多様な支援の必要性

1. 子どもの学習困難を幅広くとらえる―外国にルーツのある子どもを例にして―

　クラスに30人の子どもがいたときに、そこには学習困難を伴う子どもが必ずいると考えられます。文部科学省の調査では、学習上の困難や行動上の困難を伴う子どもが通常の学級に約8.8％いるということが公表されましたが、現場の先生方にこの数値を伝えると、「もう少しいるのではないか」という印象をもっていることが多いと感じています。

　これは、「学習困難」というものをどのようにとらえるか、という点と関係します。すなわち、学習困難が生じる理由の一つに「発達障害」がありますが、こうした子どもを念頭において調査項目を作成し、大規模に調査したものが先の文部科学省の調査結果です。ただし、「発達障害」以外でも子どもの学習困難と結びつきやすい要因というものはあります。

　たとえば、両親が外国籍の子どもは家庭で両親の母国の言葉を使用して生活をしているために、日本語で書かれている教科書を理解することが難しいというようなケースは、どうしても学習困難が生じやすくなります。近年、日本の学校において日本語指導が必要な外国籍の児童生徒数は増加傾向にあります（2018年度28,575人→2021年度47,619人）。こうした児童生徒に対しては、日本語を指導するというだけでなく、学習困難に伴う情緒の不安定さなどが関係することもあり、多角的な支援が必要となることが多くあります。また、同じクラスの子どもが文化の違いを理解できるような取り組みも必要であり、学校全体からアプローチすることが求められます。

　また、日本語を話せない親への支援も必要となるかもしれません。学校から配布される手紙等を翻訳して伝えたり、保護者の金銭面について福祉の分野から支援するなど、学校教育の範囲を超えて対応することが必要となることも多くあります。こうした多職種の専門家が「チーム学校」となって対応していくことがインクルーシブ社会をつくるためにと

ても重要なこととなります。

2. 学校全体からのアプローチと効果的な学習指導の展開

(1) 学校全体からのアプローチ

　こうした学習困難のある子どもがクラスにいると、そのクラスを担任している教師は、自分の受け持ちの授業で、この子どもにどのように教えたら良いだろうか、という点が気になることと思われます。しかし、クラス内での学習指導の方法を検討する前に、学習困難を抱える子どもたちを学校全体で支えていくことができないかということを考えることが必要です。たとえば、時間割に苦手な教科がある日でも、「今日も学校に行こう！」と思えるような楽しい学校となっているかということが大切です。休み時間に友達と遊ぶのが楽しいから学校に行くということでも良いですし、給食をみんなで食べると楽しいからというような理由でもかまいません。朝、校門で校長先生が「おはよう」と声をかけてくれることが励みになっている子どももいるかもしれません。

　日本の学校では、こうした取り組みを「学校づくり」と称して有形・無形に進められてきました。たとえば、授業には出られないけど「給食の時間だけは学校に来る」という生徒もいます。学校によってこうした子どものとらえ方は異なるかもしれませんが、インクルーシブ教育の視点からいうと、参加できる時間を軸にして学校とのつながりを形成し、少しずつクラスや授業のほうへと活動の場を広げるアプローチが有効であると考えます。

(2) 効果的な学習指導の展開

　一方で、学習困難のある子どもが学校を楽しい場所と思えるようになり、授業に出席するようになったとしても、その授業が理解できなかったり、楽しいと思えるものでなかったとしたら、その子どもの学力が向上することは期待できないし、最終的には学校に来ようと思う気持ちが継続しなくなってしまう可能性もあります。そのため、みんなが「わかる」授業、あるいはみんなが「楽しい」と思える授業となるように学習指導を工夫することも不可欠です。そうした指導の工夫の一つに「ユニバーサルデザインの授業づくり」が挙げられます。

　ユニバーサルデザインの授業づくりでは、たとえば「今日の授業の課題」を必ず最初に黒板に書いて、みんなで共有する時間を取るとか、理解が難しいと考えられる内容についてはイラストや動画など、「見てわかる」素材を用意するなど、さまざまな工夫が紹介されています。これは、授業の「構造」とか「型」のようなものであり、普段の授業がある一定のパターンで進められていくと、学習が苦手な子どもでも理解できる内容が多くなるといった効果が期待できるものです。もちろん、教師が授業の内容を深く理解することな

く、こうした「手法」ばかりに注目をしても、学力が向上することはありません。そのため、教師は各教科等の「内容」と「方法」を総合的に捉え、学習指導を工夫していくことが求められます。

第2節　貧困家庭の子どもの学習困難と学校づくり・授業づくり

1. 貧困家庭の子どもの実態と援助の内容

　2000年以降、日本では貧困家庭の子どもが急増し、国の施策においてもさまざまな対応策が講じられています。学校教育では、生活保護を必要とする家庭の子どもを「要保護児童生徒」、生活保護を受けているわけではありませんが、家庭の収入などが生活保護と同等の家庭の子どもを「準要保護児童生徒」として「就学援助」の対象としています。文部科学省の統計では、2000年の時点で就学援助を受けている子どもは約98万人（全児童生徒の8.85％）でしたが、2010年には155万人（15.28％）に増加し、その後、横ばいで推移しています（2021年度は約130万人；14.28％）。就学援助率は都道府県ごとに毎年公表されていて、地域によって差があることがわかっています。ただし、同じ市町村の学校間でも就学援助率に差があり、学校ごとに必要な配慮が異なるのが実状です。

　就学援助の対象となった子どもには、市町村が定めた費目について財政的支援を受けることができます。援助される内容は、自治体によって多少異なりますが、おおむね以下のようなものが対象となっています（表3-1参照）。

表3-1　要保護児童生徒に対する援助費目（例）

学用品費（鉛筆・ノート・絵の具・副読本・運動衣ほか実験・実習材料費を含む）	体育実技用具費（柔道・剣道・スキー・スケート等の授業で個々に用意する必要がある用具の経費）
通学用具費（通学用靴・雨かさ・上履き等）	医療費（結膜炎・中耳炎等の通院費・診療費）
宿泊を伴わない校外活動費（交通費・見学料等）	学校給食費（補食給食・ミルク給食も含む）
修学旅行費（交通費・宿泊費ほか均一に負担する費用）	通学費（バス通学等が必要な子どもの交通費）
クラブ活動費（部活動を含む／用具費・活動費ほか）	PTA会費

＊準要保護児童生徒に対しては、上記のうち援助対象とならない費目がある（市町村によって異なる）。

2. 貧困家庭の子どもの学習困難と学校での支援

(1) 経験不足からくる学習困難

　前節で貧困家庭の子どもには学用品費等を援助する制度があることをみましたが、財政

的に援助をしても学習困難が生じてしまうケースもあります。それは、貧困家庭の子ども
は一般的な子どもが経験していることを幼少期にしていないことが多く、そのために知識
不足や発達の遅れが生じることがあるからです。

　たとえば、家に絵本がなく、親に絵本を読んでもらった経験がないという子どももいま
す。もちろん、家の近くの図書館に行けば無料で本を借りることはできますが、働くこと
で精いっぱいな親が多く、図書館に休日、子どもを連れていく余裕がないことがほとんど
です。そのため、小学校に入学してはじめて文字にふれるという子どももいます。そうし
た子どもは、もともと文字がわからない中で、読書の習慣がついていないことも重なり、
教科書を使った授業が始まると10分も経たないうちに集中力がなくなり、離席を始めて
しまうのです。

　また、経済的な理由からガスが使えない家庭で暮らしている子どもは、家でお湯を沸か
した経験がないこともあります。そのため、水が沸騰する様子を家でみたことのない子ど
ももいます。一方、小学校の理科の授業では、水を火にかけて沸騰させる実験を行います
が、このとき「この水はどんなふうに変化するか予想してみよう」と教師から問われ、実
験前に各自で仮説を立てます。貧困家庭の子どもは、こうした進め方をされると、経験が
少ないので結果を実験前に予想できず、授業についていけなくなることがあります。実は
小学校の学習は、日常的な経験をもとにして考える内容が多く、幼少期から経験が不足し
ている子どもは、とても不利な状況で学習していると考えられます。

(2) 学習意欲や自己肯定感の低下と学習困難の関連

　上記のような学習困難が生じると、「勉強がよくわからない」ために学習意欲が低下し
てしまう子どもが多くなります。もともと、貧困家庭の子どもは家で食事がちゃんと出て
くるかどうかわからないような不安定な気持ちで生活していることが多いので、勉強がわ
からなかったり、テストの点が低かった場合に「次はがんばろう」という気持ちになりに
くく、「どうせ私はできないから」と諦めてしまう子どもが多くいます。

　また、貧困家庭の子どものなかには、ゲーム機など他の子どもが普通に持っている物を
所有できず、それだけで「自分は他の子どもと交われない」と思ってしまうこともありま
す。そして、思春期になるにつれ、物質的な差が気になるばかりでなく、「自分はすべて
において劣っている」と思うようになってしまい、自己肯定感が低くなるケースが多くな
ります。このように、貧困家庭の子どもに対する支援は物質的な援助のみならず、学習支
援と心理的サポートをセットにして行うことが必要です。

3. 貧困家庭の子どもの学習支援と学校づくり

　それでは、貧困家庭の子どもの学習困難を予防するために、学校は家庭での経験不足を補うことができるのかという点について考えてみたいと思います。かつて、アメリカやイギリスでは、「補償教育」と呼ばれる特別な支援を学校が提供して低学力の子どもの学習困難を取り除こうとした時代がありました。しかし、こうした施策では完全に社会的不利を補うことは難しいということが明らかになり、著名な社会学者から「教育は社会を補うことはできない（Education cannot compensate for society）」と報告されたりもしました。

　しかし、だからといって学校が何もできないというわけではありません。家庭で経験すべきことのすべてを学校が補うことはできないにしても、教育を工夫することで貧困家庭の子どもの学習困難を軽減することは可能です。

　たとえば、図書室や朝の読書の時間の活用方法について考えてみましょう。一般的に、家で読書経験のない子どもは、週に1回、学校の図書室に行き、（強制的に）本を借りて家に持ち帰らせても、家で読書するとは考えられません。そうした子どもたちには、まず日常的に本に親しむ時間が必要です。筆者が関係したある学校は、貧困家庭の子どもが多く、家で読書をする習慣があまりない子どもたちでしたので、図書室にある本の一部を教室や廊下の一角に配架しなおし、休み時間に本を手に取って見られるようにしていました。

　また、別の学校（この学校も、貧困家庭の子どもが多い学校です）では、朝の読書の時間に文字ばかりの本を自習のように静かに読ませても、読書の習慣のない子どもたちは集中して読書に取り組めませんでした。そこで、朝の打ち合わせがない日には、低学年のクラスを中心に教師が子どもたちに絵本を読み聞かせる取り組みを行いました。

　もちろん、上記のような取り組みを行ったからといって、必ずしも学力診断テストで国語の読解力が大幅に向上するというわけではありません。しかし、こうした地道な取り組みによって、読書に興味を示す子どもが増えれば、学習に参加しようとする子どもは増加していくことでしょう。

　そして、以上のような学習参加を促す工夫は、読書に限らず、さまざまな活動の時間で取り組めます。たとえば、校長先生の発案で数百人の子どもと全クラスの教師が中休みの時間を使って「全校鬼ごっこ」をしたという話を聞いたことがあります。たった10分程度の休み時間のレクリエーションですが、子どもと教師が一緒になって汗をかき、「楽しい」と思える活動を共有することで、多くの児童が「学校は楽しい」と思い、「明日も学校に来よう」という気持ちになるとその学校の校長先生はおっしゃっていました。

　そして、こうした取り組みを学校全体で取り組むことにより、多くの子どもが「人とつながろうとする気持ち」をもつようになり、貧困家庭の子どもを含めて学校全体の学習意

欲が高まり、すべての子どもの自信と自己肯定感が向上する基盤がつくられます。

4. 貧困家庭の子どもに対する授業づくりとアクティブ・ラーニング

　貧困家庭の子どもに配慮して、さまざまな活動を工夫して学習意欲につなげるような取り組みは授業においても実施できます。たとえば、天秤ばかりで重さを計ることを学ぶ算数の授業で、教科書の問題を解く前に、クラスみんなでいろいろな物を天秤ばかりに置いて遊んだという教師がいました。また、国語の時間に作文を書かせるときに、「休日の思い出」ではなく、「通学路で見つけたもの」といったテーマを設定するなど、貧困や経験不足が不利にならないように授業を展開することはできるでしょう。

　このとき、低い学力を何とか他の子どもに追いつかせようとすることばかり考えていると、学習を楽しむことができなくなり、貧困家庭の子どもは学校に来ることが嫌になってしまうこともあります。そもそも、教科学習は「文化」を楽しみながら学ぶことです。学びにつながる「文化（教科）」には、生活に必要なものばかりではなく、時には生活とはまったく関係のない内容もあり、日常的な経験の差を感じることなく進められる授業もたくさんあります。

　このように、貧困家庭の子どもを含んだクラスで授業を行うには、教科学習のなかにある文化的な魅力を子どもたちに示せるかどうかが重要となります。これは、21世紀になって教育界全体で取り組んできた、アクティブ・ラーニング（主体的・対話的で深い学び）の充実ともつながります。すなわち、あらゆる教科で用意された教材や課題に対してみんなでワクワクしながら、「これはどう？」「こっちならどうなる？」とワイワイと話し合い、楽しく学ぶことこそが、貧困家庭の子どもの経験や知識の不足を補い、自信につながる授業づくりとなることでしょう。そして、小・中学校の授業をこうした視点をもって改善していくことが、貧困家庭の子どもを含めた「すべての子ども」の学力向上にとって重要であり、これからの教師に求められることであると考えます。

第3節　被虐待児などの社会・情緒的困難のある子どもへの支援

1. 児童虐待の増加と被虐待児の社会・情緒的困難

　2021年に全国児童相談所が児童虐待相談として対応した件数は20万件を超えました。この間、10年間で通告件数は3倍以上となり、増加傾向は続いています。また、通告された児童虐待の種類は、心理的虐待の割合が最も多く、学校等からの児童相談所への通告件数も、2008年度に比べると、10年間で約2倍以上に増加していて（2010年度5,197件→2021年度13,972件）、学校における児童虐待の対応は増加傾向にあります。

表3-2　全国児童相談所に通告された児童虐待の件数

	身体的虐待	ネグレクト	性的虐待	心理的虐待
2010年度	21,559 (38.2%)	18,352 (32.5%)	1,405 (2.5%)	15,068 (26.7%)
2021年度	49,238 (23.7%)	31,452 (15.1%)	2,247 (1.1%)	124,722 (60.1%)

　児童虐待は、子どもの心身の発育に大きく影響することがわかっており、単に家庭の問題として片付けられない重大な教育課題だと言えます。具体的には、情緒が不安定になるばかりでなく、学習面においても「文字が覚えられない」など、学力に大きく関係します。また、思春期になると、不登校や非行などへと結びついていくケースも少なくないのが現実です。そのため、学校・教師は警察と関係をもつこともあったり、児童相談所に通告をしただけで関係が切れるというものでもありません。

　このように、児童虐待は関係機関と連携をとりながら、子どもの社会・情緒的な面を支援することが必要となります。

2. 被虐待児に対する心理的な特徴とその支援

(1) 被虐待児の実態と心理的な特徴

　それでは、被虐待児は学校でどのような実態で、どのような心理的な特徴であるのかについてみていきたいと思います。架空のケースではありますが、被虐待児の様子を以下のように紹介します。

A君は、ほとんど毎日休むことなく登校してきていましたが、朝の会を待つことなく、砂場の近くの茂みで
アリやトカゲなど、小動物を見つけては殺すなどの特異的な行動が良くみられる子どもでした。A君が教室か
ら抜け出したときには、担任教師は携帯電話で職員室にいる教務主任に連絡を取り、A君が教室から抜け出し
ていることを伝え、教務主任が対応するようにしていました。このとき、教務主任が、A君に「もうチャイム
がなっているのだから教室に入ろう」と言うと、A君は「チャイムは聞こえなかった」と言うなど、わかりきっ
た言い訳をすることが多いという。教室に戻ってきたあとも、床や教壇に寝そべって、椅子に座って学習する
ことは少ないのが現状です。
　　このような状態を保護者に伝えると、「家ではとても良い子にしています。先生方の教え方がいけないので
はないですか？」と言い返されて終わることが多いです。どうやら、学校から保護者に連絡を入れた日は、A
君は家で叩かれたり、食事を抜かれたりするようでしたが、保護者は学校でそのことを「しつけです」といっ
て正当化していました。

　以上のような特徴的な言動のうち、勉強が嫌になると、衝動的な行動をとり、教室の床
に寝そべってしまうなどについては、発達障害の子どもでも見かけることがあります。し
かし、「小動物を殺す」とか「わかりきった嘘をつく」など、被虐待児に特徴的な言動が
いくつも見当たります。これは、「支配—被支配の関係のなかで育ってきた子ども」に特
徴的な言動であるとも言えます。すなわち、被虐待児は、家で一般的には想像がつかない
くらい抑圧的な環境で生活しています。そうしたストレスを発散する先が「小動物を殺す」
という方向に向いているということです。また、自分が不利な状況に追い込まれたときに、
素直に非を認めると、どのような仕打ちを受けるかわからず、そうした不安（無意識の恐
怖）が支配的になったとき、とっさに嘘をついているというように理解できます。
　もちろん、子どもの「殺傷」や「嘘」を全面的に肯定し、認めるということは学校とい
う場所では難しいかもしれません。しかし、児童生徒の心理的特徴を以上のようにとらえ、
少なくとも気持ちの上では受容する態度を示さなければ、被虐待児との関係を築くことは
難しいと考えます。

(2) 被虐待児に対する心理・社会的支援の基本

　以上のような心理的特徴をもつ子どもに対して、学校・教師ができる「特別な支援」と
はどのようなものでしょうか？
　筆者は、前節に示したような被虐待児がいる学校で相談を受けた場合には、まず、「学
校という場所が安心・安全なところであるということを感じられるようにしてください」
と伝えています。これは、「安心・安全」が確保された場でなければ、「指導的な関わり」
は子どもの内面に入っていかないからです。こうした「関係づくり」が十分にできていな
い状態で指導的に関わっても、表面的に「わかりました」と言ってその場をやり過ごそう
とするだけで、たいていの場合、少し経ったところで同じことをしているということにな

ります。

　以上の点を理論的に整理した研究が「アタッチメント理論」です（数井、2005）。この理論では、人は他者と関係を築く際に「適切な応答関係」が重要であると指摘されています。たとえば、乳児と親の関係を見ていると、乳児が不快な状況（空腹やおむつがぬれている等）に遭遇したときにそれを取り除いてくれる他者（主たる養育者）のことを意識するようになります。そうしたなかで、くすぐってみたり、「たかいたかい」などの身体遊びを通して、乳児は主たる養育者のことを「心理的な安全基地」として位置づけていきます。こうした関係を築いた乳児は、世界を広げ、いろいろな物や人を受け入れていくのです。

　ところが、被虐待児はこうした関係を築く力が育たないまま、学齢児になっています。むしろ、他者に対する信頼をもつことが難しい状況のなかで、意見をしてくる友だちや先生を「敵」のように感じているかもしれません。このような心理的状況を打開し、他者と関係を築くことができるようになるためには、学校教育においても身体遊びを取り入れ、1から関係を築くことが必要なケースも多くあります。

　このように、通常の学級においても、基本的に教師は子どもと向き合い、関係を築いていくことが必要です。2018年3月に出された特別支援学校学習指導要領解説（自立活動編）では、「他者とのかかわりをもとうとするが、その方法が十分に身に付いていない」子どもに対して、「身近な教師とのかかわりから、少しずつ、教師との安定した関係を形成することが大切である。そして、やりとりの方法を大きく変えずに繰り返し指導するなどして、そのやりとりの方法が定着するようにし、相互にかかわり合う素地を作ることが重要である」と述べられています（文部科学省、2018年、p68）。こうした関わり（関係づくり）を蓄積していくなかで、教師と被虐待児の間に「信頼関係」が形成され、子どもは学校に居場所をみつけていくことができるのだと考えます。

参考文献

・数井みゆき（2005）『アタッチメント―生涯にわたる絆』ミネルヴァ書房

・文部科学省（2018）『特別支援学校学習指導要領解説　自立活動編』

第Ⅱ部

さまざまな障害・病気の子どもの発達・心理と支援

第4章

発達障害の子どもの特徴と支援方法

第1節　発達障害のとらえ方と支援の原則

1.　発達障害のとらえ方

(1) 発達障害は「生まれつき」か？：発達障害の原因

　発達障害とは、どのような障害なのでしょうか。日本においては、発達障害者支援法の第2条において発達障害を以下のように定義しています。

> 　この法律において「発達障害」とは、自閉症、アスペルガー症候群その他の広汎性発達障害、学習障害、注意欠陥多動性障害その他これに類する脳機能の障害であってその症状が通常低年齢において発現するものとして政令で定めるものをいう。

　上記の定義の中には、「脳機能の障害」という表現が使用されています。この表現から、発達障害は、親の育て方などの環境的な問題が原因で生じるものではないということを暗に示しているとも取れそうですが、はたして発達障害とは「生まれつき」生じる障害なのでしょうか。

　現在、発達障害に関わる遺伝子そのものは同定されておらず、発達障害に含まれる障害の大部分は「多因子疾患」であるととらえられています。多因子疾患とは、個人がもともともって生まれた複数の遺伝要因と、育ってきた環境との相互作用で発症する疾患を指します（仁田原・立花、2016）。

　発達障害の原因に関しては、遺伝的な素因がある程度関与しているのではないかと言われています。その理由として、発達障害の家族内発生率の高さに関するさまざまな報告がなされていることが挙げられます。例えば、山形ら（2014）では遺伝的な一致率が高い一卵性双生児において、双子のうち片方の子どもが自閉スペクトラム（ASD）で、もう片方

の子どもも ASD である確率は、70〜92％と報告されています。この数字は、ASD の全体の発生率が0.7〜2.0％であることと比較しても圧倒的に高い割合を示しています。ただし、上記の報告を別の視点でとらえると、残りの8〜30％のケースではそうならない場合もあることから、発達障害は100％遺伝の要因で生じるという訳ではなく、遺伝以外の何らかの環境的要因も関与していることが想定されています。

このことから、発達障害は生まれた後に生じる環境的な要因だけで生じるものではないという点において、発達障害は「生まれつき」といえるかもしれません。ただし、ここでいう「生まれつき」は「多因子疾患」という見方がなされており、発達障害の多くは遺伝と環境の相互作用が原因となって生じるという点を理解しておくことが重要です。

また、ここでいう「生まれつき」とはあくまで発達障害の原因に関することであり、「障害」という状態は、ICF（国際生活機能分類）にも示されているように、原因（「健康状態」「心身機能」）のみで決まるものではなく、社会における「環境要因」や「個人要因」によって変化することも理解しておく必要があるでしょう。

⑵「発達障害」と「健常」の境目はあるの？：「連続体」というとらえ方

学校の先生方からはよく、「この子は発達障害なのか、単なるわがままだけなのか、見極めが難しい」という声を耳にします。果たして、「障害」と「わがまま」は見極めることができるのでしょうか。

このような場合に参考となるのが、「連続体（スペクトラム）」という考え方です。この考え方は、障害者と健常者は明確に線引きできるものではなく、一つの連続体の中に位置づけられているという考え方です（図4-1）。例えば ASD を例に挙げると、ASD であると診断される人たちの中にも、重度の人から軽度の人までさまざまであり、人とのかかわりの困難がより軽度な人たちは、いわゆる「ちょっと変わった人」、そして「健常者」と呼ばれる人たちへと連続していきます。この概念は、主に発達障害のなかでも ASD において取り上げられてきている概念ですが、ADHD のように忘れ物をして困った経験や、LD の子どものように勉強がわからなくて困った経験などは、多くの子どもたちでも経験することです。そのため、この「連続体」という考え方は発達障害全般に当てはめることができる概念であると考えられます。

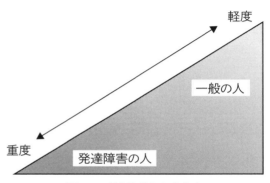

図4-1 「連続体」の考え方

(3)「認知処理の偏り」が顕著

　みなさんは、英単語や歴史の年号を覚える際に、どのような方法で暗記をしていましたか？　イラストやイメージを用いて暗記する人もいれば、単語のスペルや年号を繰り返し唱えながら暗記する人など、覚えやすいやり方は人それぞれ異なるものです。このように、何か問題解決をする時に、得意なやり方と苦手なやり方があることを、ここでは「認知処理の偏り」と呼ぶこととします。認知処理とは、私たちの脳内で処理されるさまざまな活動のことを指します。「認知処理の偏り」自体は発達障害の人たちに限らず、一般の人たちにも存在するものですが、発達障害の人たちはこの偏りが非常に顕著（凸凹が大きい）であることから、さまざまな行動や学習に困難を抱えることが想定されています。

2．発達障害の支援の原則

(1) 特性に応じた環境調整

　前項で述べたように、発達障害の子どもたちでは、認知処理の側面において得意な部分と苦手な部分の偏りが非常に大きいため、得意な能力を活用しつつ、苦手な部分を補うような環境調整が必要となります。

　例えば、「先生からの言葉による指示に従うことができない子ども」がいたとします。その場合、その子にどのような認知処理の特性があるかについて把握した上で支援を考える必要があります。上記のような困難がある場合、想定される認知処理の困難には、「言葉の意味が理解できない（言語理解の問題）」や、「先生からの指示を聞いていない（聴覚的な注意の問題）」等の背景が存在する可能性があります。もしもその子どもが言語理解の問題を抱えているようであれば、その子どもにとってわかりやすい言葉に置き換えることや、言葉による指示だけでなく、文字やイラストなど、その子にとって分かりやすい形で情報を補って伝えるといった調整が必要となります。一方、注意を向けることに困難をともなうことが想定される場合は、他の情報に気を取られないように子どもの座席を最前列にすることや、まず子どもの名前を呼び、こちらに注意を向けていることを確認してから指示を行う、といった環境調整が考えられます。

　以上のように、特性に応じた環境調整を行うには「できない」ことを把握するのみに留まらず、どうして「できない」のか、その背景を想定した上で支援を考えることが重要となります。

(2)「強み」を見つける

　発達障害のある子どもは、「できないこと」に注目される場面が多いため、周囲からそのような目で見られてしまうと、子ども自身も「自分は何をやってもだめなんだ」と自己

評価を下げてしまう傾向にあるようです。

　しかし、認知処理の偏りが顕著である発達障害の子どもたちは、「苦手なこと」や「できないこと」がある一方で、ある特定の能力や分野によって、大きな力を発揮する場合も多いのです。このような「得意なこと」や「できること」といった本人の「強み」を学校生活の中で見出すことは、自分自身への自信を取り戻すことや、将来の進路選択にもつながっていきます。

(3) 周囲の子どもたちとの関係性の構築

　同じ教室で学ぶ子どもたちは、発達障害のある子どもたちをどのように理解し、接してゆけばよいのでしょうか。前項で述べた通り、発達障害と健常者との明確な区切りは存在せず、連続体上に存在するととらえられています。つまり、発達障害の子どもが抱えている困難は、全く同じではないにせよ、ある程度は他の子どもたちにおいても感じたことのある困難である場合もあります。

　例えば、初対面の人とはなかなか上手に話すことができない人は、人とうまくかかわることができない発達障害の人の気持ちに共感できる部分があるかもしれません。このように、発達障害が健常者との連続体の中に位置づけられるという視点は、自分自身にも困ったことやうまくいかないことがあるように、発達障害のある子本人も困っているかもしれないという思いに気が付くことにつながると考えられます。

　しかしその一方で、連続体という視点は、発達障害のある子も対等である以上、「特別扱いするべきではない」といった考え方を導く可能性もあります。周囲の人が我慢して発達障害のある子に合わせるのでも、多数派の考え方や価値観に発達障害のある子を一方的に合わせるのでもなく、みんなが楽しく学校生活を送っていくにはどうしたら良いのかについて、発達障害のある子どももそうでない子どもも、一緒に考えていく必要があります。お互いの存在を価値のあるものと認めつつ、折り合いをつけながら関係性を築いていくことが大切となります。

3. 発達障害児の教育課程

　知的障害を伴わない発達障害ある子どもたちの多くは通常学級で学んでいますが、個々の子どもの特性や実態に応じて、特別支援学級や通級による指導を利用して学んでいる子どももいます。発達障害の中でもASDは特別支援学級、通級による指導のいずれも対象

となるのに対し、LDとADHDについては通級による指導のみの対象となります（詳細は第2章第1節、第3章第1節を参照）。令和3年度時点で通級による指導を受けている児童生徒の総数は183,880人で、そのうちASDは36,760人、LDは34,135人、ADHDは38,656人となっています。

　特に通級による指導を受けている発達障害のある子どもたちには、通級による指導において「自立活動」として学習上・生活上の困難を改善・克服するために障害特性に応じた指導を行うことができます（詳細は第2章第2節を参照）。例えば文字を読むことが苦手な発達障害のある子どもに対し、どのような手立てがあれば文字を読みやすくなるのかといった自己理解を促し、必要に応じて補助手段を活用するなどの指導がこれに該当します。一方で、これらの指導は通級による指導のみで完結できるものではなく、通常学級の学習においても活用できるよう、通常学級の担任が授業内での活動や取り組み方について配慮や調整を行うことが求められます。

　以上のように、発達障害のある子どもたちの教育課程においては、障害特性に応じた自立活動を展開しながら、教科による学習内容や進度を調整していくことが大切となります。そのため、特別支援学級や通級による指導の担当者だけでなく、通常学級の担任においてもこうしたカリキュラム・マネジメントを考えていくことが求められています。

参考文献
・仁田原康利・立花良之（2016）「遺伝」日本LD学会編『発達障害事典』丸善出版、340-341
・山形崇倫・松本歩・永田浩一（2014）「自閉性障害の多様な遺伝学的病態とシナプス関連病因遺伝子の解析」『脳と発達』46、125-130
・文部科学省（2023）通級による指導実施状況調査結果

第2節　LDの特徴と支援方法

1. LDの特徴

(1) LDの定義

　学校教育における「学習障害（LD：Learning Disabilities）」の定義は、文部科学省による「学習障害児に対する指導について（報告）」において以下のように示されています。

学習障害とは、基本的には全般的な知的発達に遅れはないが、聞く、話す、読む、書く、計算する又は推論する能力のうち特定のものの習得と使用に著しい困難を示す様々な状態を指すものである。

　学習障害は、その原因として、中枢神経系に何らかの機能障害があると推定されるが、視覚障害、聴覚障害、知的障害、情緒障害などの障害や、環境的な要因が直接の原因となるものではない。

　上記の定義を踏まえ、LDと判断する際には、①知的能力の評価（全般的な知的発達の遅れが認められず、認知能力のアンバランスさが認められること）、②国語等の基礎的能力の評価（著しいアンバランスさが認められるか）、③医学的な評価（必要に応じて専門医に評価を依頼する）、④他の障害や環境的要因が直接的原因でないことの判断について、原則として校内委員会におけるチーム全員の了解に基づき判断を行うこととなっています。

(2) LDの種類

　先述した学校教育におけるLDの種類としては、「聞く」「話す」「読む」「書く」「計算する」「推論する」能力の困難として位置づけられています。それぞれの困難に対する症状の例を表4-1に示します。

表4-1　学習障害の症状の例（国立特別支援教育総合研究所、2010をもとに作成）

学習能力	症状の例
聞く	聞き間違い・聞きもらしがある、指示の理解・話し合いが難しい　など
話す	短い文で内容的に乏しい話をする、筋道の通った話をするのが難しい　など
読む	音読が遅い、勝手読みがある、文章の要点を正しく読み取ることが難しい　など
書く	読みにくい字を書く、漢字の細かい部分を書き間違える　など
計算する	計算をするのにとても時間がかかる、学年相応の文章題を解くのが難しい　など
推論する	学年相応の量を比較することや、量を表す単位を理解することが難しい 事物の因果関係を理解することが難しい　など

　一方、医学的な診断のマニュアルであるDSM-5（『精神障害の診断と統計マニュアル第5版』）において、学習障害は「限局性学習症／限局性学習障害（SLD: Specific Learning Disorder）」として示されています。DSM-5におけるSLDでは、下位区分として①読字の障害（音読ならびに読解の困難）、②書字表出の障害（書字ならびに作文の困難）、③算数の障害（数的概念の習得や計算、数学的推論の困難）を設定しています。

2. LD児の支援

　LD児の支援には、大きく分けて二つの方向性があります。一つ目は、できないところを新たに習得するための支援になります。例えば、読めなかった文字が読めるようになる支援や、書けなかった漢字が書けるようになるといった支援がこれに含まれます。二つ目は、できないところを補うための支援になります。例えば通常学級で行われる授業において、子どもの困難な部分を補うことで本来の授業の目的を達成できるようになるためのさまざまな配慮や支援は、こちらの方向性に該当します。

　上記二つの支援の方向性いずれにおいても、その子どもの学習困難の背景にある認知処理の偏りに注目した上で支援を考えることがポイントとなります。ここではどの教科においても必要とされる「読むこと」と「書くこと」の支援について、二つの方向性から考えてみたいと思います。

(1) 学習スキルを習得するための支援

① 「読める」ようになるための支援

　まず、「読む」ためにはどのような認知処理が必要かについて考えてみたいと思います。私たちが文字を読む際には、まず目で文字を見て、文字を音に変換し、それを発音するといった一連の認知処理が必要となります。この一連の処理のいずれかがうまく働いていないと、読むことに困難を示すこととなります。特に読むことに困難を示す子どもの多くは、上記の認知処理の中でも文字を音に変換する作業がスムーズに行われていない可能性が指摘されています。この背景には、認知処理の一つである音韻処理能力が関与していると言われています。

　音韻処理とは、ことばを意味の側面ではなく、音の側面で操作する能力のことを指します。例えば「りんご」ということばを「り」と「ん」と「ご」の三つの音に分けることができることも音韻処理に含まれます。音韻処理に困難を示す子どもに読みの支援を行う場合には、音韻処理の弱さを意味情報で補うアプローチが有効であることが報告されてきています。

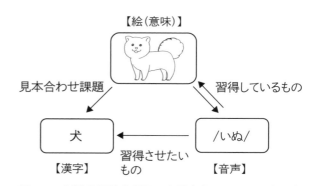

図4-2　刺激等価性を利用した見本合わせ課題の考え方
習得させたい【音声】→【漢字】の関係性（漢字の読み）を直接指導するのではなく、刺激として等価である【絵（意味）】→【漢字】の関係性を学習することにより、漢字の読みが習得できる。

例えば読めない漢字を読めるようになるアプローチとしては、「見本合わせ法」による支援の方法があります（図4-2）。この支援では、等価関係にある意味刺激（絵、写真など）・音声刺激（物の名称など）、言語情報（文字や単語など）の刺激等価性を利用して、漢字の読み方を習得することを目的とします。この方法により、文字（漢字）から音（読み方）への変換がうまくいかない子どもに対して、意味情報を経由して読みを習得することが可能となります。

② 「書ける」ようになるための支援

　私たちが「書く」際にはどのような認知処理が必要となるでしょうか。文字を書く際には、まず書くべき言葉を聞く、あるいは想起して、その音を文字に変換し、変換した文字を書くという一連の認知処理が必要となります。特に漢字の書字に困難を示す場合、変換するべき文字を正しくとらえることができない視覚認知の問題と、想起した文字を書く際の目と手の協応動作における問題のいずれか、あるいは両方が存在することが想定されます。

　特に目と手の協応動作に問題のある、いわゆる「不器用な子」は、書くことに負担を感じていることが多く、強い拒否感を示すことも少なくありません。そのような場合は、次節に紹介するような書字の負担を補うような支援や、できる限り書く動作を最小限にして漢字の書き方を覚えるような支援が有効となります。

　それでは、できる限り書く動作を行わずに漢字を書けるようになるには、どのような方法があるでしょうか。例えば、耳から言葉を聞いて覚えることが得意な場合、「親」は「立って木を見る」というように、漢字の書き方を語呂合わせにして覚えるといった方法があります。その他、漢字を偏と旁のように分割したものを漢字パズルとして用いることで、漢字の構成要素に注目することを促す支援は、視覚認知が弱い子どもにとっても有効な場合があります。このように、漢字を書けるようになるための支援においても、個々の子どもにおける認知処理能力の特性を把握した上で支援方法を考えることが大切です。

(2) 学習スキルを補うための支援

　LD児の中には、ある一定レベル以上のスキルを獲得することが困難である場合や、あるいは獲得できたとしてもそれを遂行するのに多くの時間や負荷がかかる場合があります。そのような子どもに対しては、必要以上に負荷のかかる状況においてどのように対処すればよいのかといった、いわゆる「スキルを補う」ための支援を行うことも必要となります。

　具体例としては、文章を読むことは可能であっても、読むことに多くの時間を費やしてしまう子どもの場合、テストの問題文を読むのに相当の時間がかかることが想定されます。そのため本来はその問題に答える知識を備えているのにもかかわらず、時間切れで問

題に答えることができず、不当に得点が低くなるといった事態が想定されます。そのような子どもに対しては、テストの時間を延長することや、先生が問題文を音読する、あるいは音声読み上げソフトを利用して問題文を音声で聞くことができるようにするなどの支援が考えられます。

　また、書くことが苦手で黒板の文字を写すのが遅い子どもの場合、板書を写すことに多くの時間が課されることにより、授業において重要となる他の活動に参加できない不利益を被る場合もあります。このような場合には、例えばワークシートを用意して必要な事項だけ記入することで書く作業の負担を軽減し、他の活動に参加する時間を確保することにつながります。

　以上のように、学習スキルを補うための支援は、子どもの苦手なことに対する心理的負担の軽減のみならず、各授業におけるねらいを達成するために行われるという視点が重要となります。

参考文献
・国立特別支援教育総合研究所（2010）「小・中学校等における発達障害のある子どもへの教科教育等の支援に関する研究」（平成20年度～21年度研究成果報告書）

第3節　ADHDの特徴と支援方法

1. ADHDの特徴

⑴ ADHDの定義

　学校教育における「注意欠陥／多動性障害（ADHD：Attention-Deficit/Hyperactivity Disorder）」の定義は、文部科学省による「今後の特別支援教育の在り方について（最終報告）」参考資料において、以下のように示されています。

> 　ADHDとは、年齢あるいは発達に不釣り合いな注意力、及び／又は衝動性、多動性を特徴とする行動の障害で、社会的な活動や学業の機能に支障をきたすものである。
> 　また、7歳以前に現れ、その状態が継続し、中枢神経系に何らかの要因による機能不全があると推定される。

また、医学的な診断のマニュアルであるDSM-5では、「注意欠如・多動症／注意欠如・多動性障害」として示されています。なお、上述した文部科学省における定義は、DSM-5の改定前の版（DSM-Ⅳ）を参考に作成されたものです。そのため、DSM-5においては発症年齢が「7歳以前」から「12歳以前」として引き上げられているなど、文部科学省と医学的な定義には異なる部分がある点において注意が必要です。このように、障害の名称や定義が領域によって異なることから、本章ではこれらを総称してADHDと表記することとします。

⑵ ADHDの症状

　ADHDにおける症状の例を、表4-2に示します。学校教育における実態把握の観点として、これらの症状が少なくとも6か月間持続していることや、著しい不適応が学校や家庭などの複数の場面で認められること、知的障害などが認められないことなどが挙げられています。ただし、診断の際には教育的、心理学的、医学的な観点からの詳細な調査が必要となります。

表4-2　ADHDの症状の例（文部科学省、2003をもとに作成）

不注意	学校での勉強で、細かいところまで注意を払わなかったり、不注意な間違いをしたりする。 課題や遊びの活動で注意を集中し続けることが難しい。 面と向かって話しかけられているのに、聞いていないようにみえる。 指示に従えず、また仕事を最後までやり遂げない。 学習などの課題や活動を順序立てて行うことが難しい。 気持ちを集中させて努力し続けなければならない課題を避ける。 学習などの課題や活動に必要な物をなくしてしまう。 気が散りやすい。 日々の活動で忘れっぽい。
多動性	手足をそわそわ動かしたり、着席していてもじもじしたりする。 授業中や座っているべき時に席を離れてしまう。 きちんとしていなければならない時に、過度に走り回ったりよじ登ったりする。 遊びや余暇活動におとなしく参加することが難しい。 じっとしていない。または何かに駆り立てられるように活動する。 過度にしゃべる。
衝動性	質問が終わらないうちに出し抜けに答えてしまう。 順番を待つのが難しい。 他の人がしていることをさえぎったり、じゃましたりする。

⑶ ADHDの原因

　ADHDの認知機能の障害として挙げられる代表的な仮説として、「実行機能」および「報酬系」の障害が報告されています。

　実行機能とは、目標を立て、それを達成するためにはどのような方法と工夫が可能であるかを考え、それらを実行する能力のことを指します。実行機能には行動抑制や注意を持

続させるなどの認知機能も含まれており、ADHD児における課題や活動を最後までやり遂げることが難しい背景には、実行機能の障害が存在することが想定されています。

　一方報酬系とは、ヒト・動物の脳において欲求が満たされたとき、あるいは満たされることがわかった時に活性化し、その個体に快の感覚を与える神経系のことを指します。ADHDの子どもが後から得られる大きなご褒美を待つことができず、その都度ご褒美を欲しがる傾向にあるのは、報酬系における感受性の低下が影響していることが想定されています。

2．ADHD児の支援

（1）薬物療法

　ADHDにおける治療薬の代表的なものとして、メチルフェニデート（商品名：コンサータ）、アトモキセチン（商品名：ストラテラ）、グアンファシン塩酸塩（商品名：インチュニブ）、リスデキサンフェタミン（商品名：ビバンセ）が挙げられます。これらの薬物は脳内の神経伝達物質であるドーパミンやノルアドレナリンに作用し、ADHDにおける不注意や衝動性・多動性の症状に効果を示すことが期待されています。

　しかしながら、これらの薬物は全てのADHD児に効果が現われる訳ではなく、副作用が生じる可能性もあります。そのため薬物療法の適用については、主治医との綿密な連携が必要となります。また、薬物療法のみでADHDの症状が改善することはなく、ADHDの支援の基本は次節に述べる心理社会的支援となります。すなわち、まずは家庭や学校において心理社会的支援を行い、それでも効果が認められない場合や、それらの治療・支援によっても事態が深刻化し、保護者や学校などの対応が限界を超えつつある場合は薬物療法が考慮されることになります（齊藤、2016）。

（2）心理社会的支援

　ADHD児における心理社会的支援は家庭や学校、病院で行われるものなど、さまざまな方法があります。本節では、学校で実践されうる支援の方法として「環境調整」と「ソーシャルスキルトレーニング（Social Skills Training：SST）」について紹介します。

① 環境調整

　ここでいう環境調整とは、教室内の物理的環境と人的環境の両方を指します。ADHD児における物理的環境調整の例（表4-3）としては、教師からの支援が届きやすい席にする、次の行動の手がかりとなる情報をわかりやすい形で提示し、活動の見通しを持ちやすくする、課題のレベルや量を本人の状況に合わせて調整する、などが挙げられます。一方、人

的環境調整の例としては、叱ったり注意するだけでなく、困った行動に対する適切な行動を本人に説明し促しているか、適切な行動に対してほめたり賞賛ができているか、クラス全体に仲間同士で助け合ったりお互いに努力や成功を応援する雰囲気があるか、などが挙げられます。これらの環境調整について、本人の特性や困り感に寄り添いながら、可能な範囲で実施することが望まれます。

表4-3　教室内の物理的環境要因に対するチェックリスト (井上、2006より一部抜粋)

☐	教師からの支援が得られやすい距離か
☐	窓や掲示物など気になるものからの席の距離や位置や方向が適切か
☐	「ちょっかい」や話しかけに対して反応してしまいやすい仲間との距離やグループづくりが適切か
☐	サポートを得られる仲間からの距離やグループづくりが適切か
☐	次の行動の手がかりとなる準備物などの情報の提示や掲示がなされているか
☐	板書の文字や量が適切か
☐	整理しやすい引出しや荷物・学用品置き場の工夫がなされているか
☐	課題のレベルや量が適切か

② ソーシャルスキルトレーニング (SST)

　子どもに対して行うSSTは、主に社会的スキルのレベルを高める発達的視点、社会的スキルが欠けている子どもに対し適切な指導を試みる予防的視点、重度の社会的スキルの欠如を治療する治療的視点の三つの特徴が挙げられます。ADHD児に対するSSTはこの三つの視点を合わせるとともに、日常生活場面での適応行動を増やし、セルフエスティームを伸ばして二次障害を予防することを目的として実施することが重要です (齊藤、2016)。

　具体的な支援の内容としては、大きく分けて未習得の社会的スキルを新たに習得するためのSSTと、現実場面で適切な社会的スキルを実行するためのSSTに分けることができます。ADHD児においては、「やってはいけないことはわかっているけれども、気が付いたらやってしまった」ということが多く、そのような場合には、現実場面で実際に活用することができることをねらいとした支援を行うことが必要となります。例えば、佐囲東 (2017) は、ADHDの児童に対する授業中の不規則発言や授業妨害行動に対する個別的な支援に加え、対象児が在籍する学級全体で不規則発言、離籍行動等の低減を目標とするクラスワイドなSSTを実施したところ、学級全体ならびに対象児の問題行動が減少したことを報告しています。このように、最近では個別の支援だけではなく、クラス全体でSSTを実施することにより問題行動の改善を図る取り組みも行われています。

参考文献
・文部科学省 (2003)「今後の特別支援教育の在り方について (最終報告)」

・齊藤万比古編（2016）『注意欠如・多動症―ADHD―の診断・治療ガイドライン』じほう
・井上雅彦（2006）「ADHDと環境調整」『そだちの科学』6、62-66
・佐囲東彰（2017）「強い反抗性を示すADHD児の問題行動と学級全体の問題行動に対する支援―クラスワイドな支援と個別支援を組み合わせた支援過程の妥当性―」『LD研究』26（2）、253-269

第4節　ASDの特徴と支援方法

1. ASDの特徴

(1) ASDの定義

　学校教育における「自閉症（Autistic Disorder）」の定義は、文部科学省による「今後の特別支援教育の在り方について（最終報告）」参考資料において、以下のように示されています。

> 　自閉症とは、3歳位までに現れ、①他人との社会的関係の形成の困難さ、②言葉の発達の遅れ、③興味や関心が狭く特定のものにこだわることを特徴とする行動の障害であり、中枢神経系に何らかの要因による機能不全があると推定される。

　また、医学的な診断のマニュアルであるDSM-5では、「自閉スペクトラム症／自閉症スペクトラム障害（Autism Spectrum Disorder : ASD）」として示されています。なお、上述した文部科学省における定義は、DSM-5の改定前の版（DSM-Ⅳ）を参考に作成されたものですが、自閉症に関わる診断基準は、DSM-ⅣからDSM-5への改訂にあたり、大きく変更されています。具体的には、DSM-Ⅳでは、自閉症（自閉性障害）は広汎性発達障害（Pervasive Developmental Disorder : PDD）のカテゴリーの中に含まれており、①社会性の障害、②コミュニケーションの障害、③想像力の障害とそれに基づく行動の障害（こだわり行動）の視点で診断がなされてきました。加えて、自閉症と同じくPDDのサブカテゴリーとして位置づけられていたアスペルガー障害については、自閉症とは区別した診断基準が設定されていました。一方、現行のDSM-5では、自閉症とアスペルガー障害の診断基準を区別せずに、①社会的コミュニケーションおよび相互関係における持続的障害、ならびに②限定された反復する様式の行動・興味・活動、の二つの診断基準として組みなおされました（高貝、2014）。

以上のように、最近の自閉症をとりまく概念は、自閉症やアスペルガー障害等は区別せず、連続体（スペクトラム）としてとらえる傾向にあります。そのため、本章ではこれらを総称してASDと表記することとします。

(2) ASDの症状

　ASDにおける症状の例を、表4-4に示します。なお、表に示されているような症状以外にも、刺激の過剰選択性（刺激の一部分にだけ注意を向けると、別の刺激が入力しにくくなる）や、嫌悪記憶のフラッシュバックが現れる場合もあります。また、ASDの子どもの一部には、目立った問題行動は示されていないものの、コミュニケーションや対人関係の面で内面的な困難さを抱えている場合もあるため、留意する必要があります。

表4-4　ASDの症状の例（文部科学省、2003をもとに一部加筆）

社会的コミュニケーションおよび相互関係	友だちと仲良くしたいという気持ちはあるけれど、友だち関係をうまく築けない。 球技やゲームをする時、仲間と協力してプレーすることが考えられない。 いろいろなことを話すが、その時の状況や相手の感情、立場を理解しない。 共感を得ることが難しい。 周りの人が困惑するようなことも、配慮しないで言ってしまう。 含みのある言葉の本当の意味が分からず、表面的に言葉通りに受けとめてしまうことがある。 会話の仕方が形式的であり、抑揚なく話したり、間合いが取れなかったりすることがある。
限定された反復する様式の行動・興味・活動	みんなから、「○○博士」「○○教授」と思われている（例：カレンダー博士）。 他の子どもは興味がないようなことに興味があり、「自分だけの知識世界」を持っている。 ある行動や考えに強くこだわることによって、簡単な日常の活動ができなくなることがある。 自分なりの独特な日課や手順があり、変更や変化を嫌がる。 特定の感覚（聴覚・視覚・触覚など）に対して敏感、あるいは鈍感である。

(3) ASDの原因

　ASDにおける社会的コミュニケーションにおける困難の背景としては、社会性の発達の観点から解明が進められています。本節ではその中でも「心の理論」および「共同注意」について紹介します。他にもASDの障害仮説としては、実行機能の障害（第2節参照）や、弱い中枢性統合（全体像や文脈を無視して、部分に注目する）の問題も議論されています。

① 心の理論

　心の理論とは、簡単にいうと、人の気持ちや心を読む能力のことを指します。この心の理論が獲得しているかどうかを評価する課題として、「誤信念課題」があります。この課題では、主人公が物をカゴに入れてその場を立ち去ります。主人公がいない間に別の人物が物をカゴから別の場所（箱）へ移してしまいます。最後に、その様子を見ていた子どもに、戻ってきた主人公が物を探すのは、カゴか箱のどちらかを尋ねます。この課題に正解する（「カゴ」と答える）には、主人公は物を箱に移されていたのを見ていない、そのため

主人公はまだ物がカゴにあると勘違いしているはずだ、と主人公の「心」を推論しなければなりません。定型発達児では、4、5歳頃になるとこの課題に正解することができると言われていますが、ASD児は精神年齢が6歳を超えても、主人公が探すのは、実際にある箱であると答えてしまうことが報告されています（内藤、2018）。このことからASD児の障害は、心の理論に問題があるという仮説が提唱されるようになりました。

② 共同注意

　共同注意とは、物に向けている相手の注意に気づき、相手と物の双方に注意を向けることや、自分の注意と相手の注意を協調させることを指します。共同注意は他者の意図や注意を理解するという意味では、心の理論の発達的な前兆とみなすこともでき、定型発達では乳児と養育者がおもちゃを介して遊べるようになる生後10カ月以降に顕著になることが報告されています（内藤、2018）。一方ASD児ではこのような共同注意行動が定型発達児に比べて遅れて現れることが報告されており、ASD児の早期診断の指標としても注目されています。

2. ASD児の支援

(1) 視覚的構造化

　ASD児においては、刺激の過剰選択性や実行機能の障害から、適切なところへ注意を向けることの困難や、見通しをもって課題に取り組むことの困難がしばしば指摘されています。そのような場合には、言葉による指示や説明に加えて、目で見てわかりやすい支援（視覚的構造化）が効果的です。例えば、「今から体育館に移動します」という言葉での指示に加えて、体育館の写真を提示することや、「体育館」と黒板に書くなどの支援が想定されます。また、見通しを持って課題に取り組むための工夫としては、課題の流れを言葉で説明することに加えて、「予定表」のような形で活動の順序を箇条書きで示しておき、現在行われている活動のところに印をつけるといった支援が考えられます。ただし、全てのASD児において視覚的構造化による支援が必要ということではなく、耳で聞くことで理解できるASD児もいます。大切なことは、その子にとって分かりやすい指示や説明になっているかどうかについて、教師の方で振り返り、工夫していくことになります。

(2) 社会性に関する支援

　ASD児に対する社会性に関する支援としては、主にSSTを用いた実践が行われてきています。とりわけASD児においては、本人独自の視点で物事をとらえている場合が多く、社会的スキルを日常生活の中で自然に獲得していくことが難しいことが指摘されていま

す。そのため、社会性の支援の際には具体的に、かつ分かりやすい形で望ましい行動について示した上で、実際にそれらのスキルを使用する機会を確保する必要があります。ただし、一方的に一般的な社会のルールを教えるだけでなく、守るべきルールに対して本人の中で疑問が生じている場合には、どうしてそのように考えるのか、本人の思いに耳を傾けることも大切です。その上でなぜそのようなルールが必要なのか、ルールをみんなが守ることでどのようなメリットがあるのかについて本人が納得できるように説明することや、一緒に考えていくことが重要となります。

(3) 問題行動に対する支援

　問題行動に対する支援は、これまでに応用行動分析のアプローチを中心として行われてきました。応用行動分析では、問題行動だけでなく、その直前に起きているきっかけ（先行事象）と、行動の結果として直後に起きている出来事（後続事象）についても観察し、記録を行います。その上で、その問題行動が本人にとってどのような機能（目的）を果たしているのかについて分析することで、問題行動と同じ機能を果たすことができる望ましい行動について支援していきます。例えば、授業中に離席する子どもがいて、その前後の出来事を分析していくと、本人が苦手な算数の時間になると離席が多いことが明らかとなったとします。その場合、本人にとって分かりやすい教材を準備することや、わからない時にはどのように助けを求めればよいかを具体的に示しておくことで、離席をしなくても苦手な活動から解放されることが可能となります。このように、問題行動の対処としては、問題行動の前後やその背景に注目することや、問題行動を止めるだけでなく、それに代わる望ましい行動を併せて支援していくことが大切です。

参考文献
・文部科学省（2003）「今後の特別支援教育の在り方について（最終報告）」
・髙貝就（2014）「ASDの新たな概念」森則夫・杉山登志郎編『神経発達障害の全て』日本評論社
・内藤美加（2018）「『心の理論』仮説の有効性と課題」日本発達心理学会編『自閉スペクトラムの発達科学』新曜社

第5章

言語障害の子どもの特徴と支援方法

第1節　言語障害のとらえ方と支援の原則

1. 言語障害とは

　言語障害とは、発音が不明瞭である（構音障害）、話し言葉が滑らかに出ない（吃音）、言語理解や言語概念の形成につまづきがある（言語発達の遅れ）などの状態を指します。言語障害を主訴とする幼児児童生徒は、言語障害通級指導教室（以下、ことばの教室）と言語障害特別支援学級で指導を受けており、障害種別構成比では、構音障害が41.7％と最も多く、次いで言語発達の遅れが25.2％、吃音が11.8％、難聴が5.4％、口蓋裂が0.9％、その他が15.0％となっています（図5-1）。

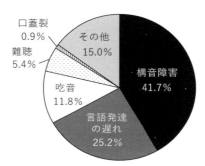

図5-1　言語障害通級指導教室・特別支援学級で指導を受けている幼児児童生徒の障害別内訳（特総研、2017）

　言語障害は言語情報の伝達及び処理過程における様々な障害を包括する広範な概念で、図5-1に示すように障害種は多岐にわたります。そのため、言語障害を単一の機能の障害として定義することは困難ですが、一般的に以下のような基準で分類されます（文科省、2021）。

①耳で聞いた特徴に基づく分類
　発音の誤り、吃音など
②言葉の発達という観点からの分類
　話す、聞く等言語機能の基礎的事項における発達の遅れや偏りなど
③原因による分類
　口蓋裂、聴覚障害、脳性まひなど

上記の②と③は知的障害・聴覚障害・肢体不自由とも関連するため、本章では①耳で聞いた特徴に基づく分類として「発音の誤り（構音障害）」と「吃音」について取り上げます。

2. 構音障害のとらえ方と支援の原則

(1) 構音障害のとらえ方

　構音障害とは、概ね一般的に獲得すると言われている年齢を過ぎても特定の音を誤って発音（構音）することが持続している状態を指します。ここで留意すべき点は「構音の誤りがある≠構音障害」ということです。当然ですが、私たちは生まれてからすぐに正しく構音できるわけではなく、発達に伴って徐々に正しい構音を獲得していきます。構音の獲得時期は個人差が大きく、とりわけ年齢が小さいほど著しいですが、おおよその獲得時期が明らかにされています（表5-1）。表5-1に示すように、早期は「あー」「うー」などの母音を中心とした発声（クーイング）から始まり、その後「んまんま」「だあだあ」などの口唇や舌の動きを使って音を出す喃語がみられるようになり、4歳までに多くの音を構音できるようになります。一方、「ら行音」「さ行音」などの構音操作が難しい後期獲得音は5〜6歳後半にならないと90%以上正しく構音されません。

表5-1　**構音の獲得時期**（加藤ら、2012を一部改変）

早期（4歳まで）に獲得する音	母音、ま行音、ぱ行音、ば行音、や行音、わ行音、は行音、か行音、が行音、た・て・と、だ・で・ど、ち
後期（4歳以降）に獲得する音	さ行音、ざ行音、ら行音、つ

　幼児期には、発達途上にみられる音の誤りとして「未熟構音（俗に言う赤ちゃんことば）」がよくみられます（例：つくえ→<u>ちゅ</u>くえ）。未熟構音は正常な構音発達の過程でみられるため、たとえば3歳で「あいす」→「あい<u>しゅ</u>」と置換するからといって、それがイコール構音障害とはなりません。構音の獲得年齢や獲得する音の順序は個人差がありますが、「6歳後半までにすべての音を正しく構音できているか」が一つの目安になります。6歳後半は小学1年生に相当するため、小学1年生の誕生日になっても、習慣的に未熟構音がみられる場合は、専門機関に相談するとよいでしょう。未熟構音は発達に伴って自然改善することが多いため、それまでは図5-2のように、構音の誤りは指摘せず、耳から正しい音を自然と聞けるように言語環境を整えます。この時に指摘や言い直しを繰り返すと、無理に正しい音を出そうとして舌に力が入って歪むようになるなど、悪化する恐れがあるため、注意が必要です。なお、「テレビ→テビレ」のような音の順序が入れ替わる誤りも幼児期によくみられますが、これは構音の誤りではなく、音の配列の誤り（音位転換）であり、小学校で読み書きの学習が始まり音と文字の対応を認識できるようになると、自然改善す

図5-2　言語環境の調整

ることが多いです。

　一方、発達途上にみられない「特異な構音操作による構音の誤り」は、早期の音が完成する4歳頃から出現し、自然改善が少なく構音指導をしないと成人まで持ち越すこともめずらしくありません（加藤ら、2012）。その多くは「歪み」で、たとえば「ぎんご（りんご）」のように日本語の50音で表記できない音に歪んで不

図5-3　構音障害の症状例

自然に聞こえます。歪みを特徴とする構音障害としては、構音時に舌に力が入って歪む「側音化構音」や「口蓋化構音」、構音時に呼気が鼻腔に漏れて歪む「鼻咽腔構音」、声門を強く締めながら母音を強く区切ったような音に歪む「声門破裂音」などがあります。このうち側音化構音は、置換（からす→たらす）の次に多くみられる構音障害です（図5-3）。

　構音障害は、原因によって3つに分類されています（表5-2）。器質性構音障害は、構音器官（口腔、口唇など）の形態異常により正常な音がつくれないもので、代表的なものとして口蓋裂があります。運動障害性構音障害は、筋肉や神経の異常によって構音器官の麻痺などが起こり、正常な音がつくれないものでディサースリアとも呼ばれます。機能性構音障害は3つの中で最も発生率が高く、構音器官の形態異常が認められないにもかかわらず、構音の誤りが認められるもので、構音発達の過程で構音獲得を妨げる何らかの要因が複合的に影響して生じると考えられています。

表5-2　構音障害の分類（阿部、2008）

器質性構音障害	先天的・後天的な構音器官の形態異常によるもの
機能性構音障害	構音器官の形態や機能に異常のないもの
運動障害性構音障害	神経・筋系の病変によるもの

　構音障害の評価としては、新版構音検査（今井ら、2010）がことばの教室や病院で広く使用されています。構音検査では、子どもが単音節（例：「き」「みょ」などの1音）、単語（例：「つみき」）、短文（例：「どうぶつえんにいきました」）を呼称・復唱し、その音と舌・口唇の

図5-4　構音検査で実施すること

動きなどから構音の誤りや種類、構音発達が正常の範囲にあるか否かなどを評価します。構音検査は聞こえてくる音声の印象から症状を評価していくため、判定の一貫性や客観性などを保つために最も重要なのは検査者の質で、検査者の十分な「耳の訓練」が不可欠です（阿部、2008）。

　評価にあたっては、図5-4に示す「聴覚的判定」「視覚的判定」「情報聴取」などの結果を構音検査用紙に記入し、それらを総合的に評価して「指導の必要性を判断」します。そして、評価結果を保護者に分かりやすく伝えます。初めて構音検査を受けに来る場合は、子どもだけでなく保護者も不安に感じていることが多いため、結果を伝える際は単に構音の誤りを伝えるのではなく、「正しく言えている音」「この誤り音は自然改善の可能性が高い（未熟構音の場合）」「適切な方法で練習すれば改善する（知的障害がない場合）」など、保護者の気持ちに寄り添いながらできていることや今後の見通しも伝えるとよいでしょう。また、構音障害があるからといって必ず指導を受けなければならないわけではありません。親子のニーズや子どもの言語発達（概ね4歳以上）などを考慮して、構音指導の適応を判断します。

(2) 構音障害の支援の原則

　構音検査の結果をもとに、どの音から練習を始めるかを決め（改善しやすい置換から始めるなど）、できる限り早く改善へ導けるように個別の指導計画を立てます。

　構音指導では、単音節→単語→短文→文章→日常会話へと系統的・段階的に正音（正しい構音）の定着を図っていきますが（図5-5）、各段階での正音定着が不十分なまま次段階に進むと十分な指導効果を得られず、誤った音に戻ることがあります。そのため、ことばの教室では毎週45分程度の個別指導を行いますが、正音の定着にはこの練習時間だけでは不十分なため、家庭学習を毎日15分程度行います。「教員は正しい音の出し方を教えるだけで実際に治すのは本人と保護者である」の認識のもと（阿部、2008）、練習場面には保

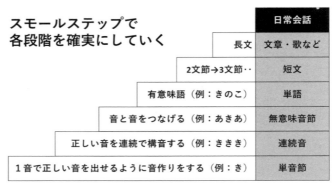

図5-5　系統的・段階的な構音指導

　護者も同席してもらい、練習のポイント（モデルの示し方や声掛けの仕方など）や指導の意図などを伝えて、適切な家庭学習により正音の安定を図ります。

　具体的な指導方法は阿部（2008）に詳細が記されていますが、図5-2で示した通り言い直しでは構音障害は改善しないため「正しい音の作り方」から教える必要があります。構音検査と同様に構音指導は指導者の質が最も重要になります。構音障害の改善へと導く指導スキルを身に付けるためには、専門家の指導・助言を受けながら研鑽を積むことが不可欠です。

　ここでは、改善が比較的容易な「置換」の指導例を紹介します。なお、構音指導は単調な練習になりがちなため、子どもの実態に応じて適宜遊びの要素を加えながら、楽しく練習を進められるように指導の手立てを工夫することが大切です。

置換の指導例（が行音→だ行音）

学習内容・活動	・指導上の留意点　　　◇評価	時間
1　本時の学習内容を知る。	・家庭学習の取組について称賛し、学習意欲を高める。 ・本時の学習内容を伝え、見通しをもてるようにする。	5分
2　「が」「ご」「ぐ」「げ」の復習をする。	・「が」「ご」「ぐ」「げ」について、単語段階で正しく発音できているか確認する。 ◇意欲的に学習に取り組むことができる。 ◇単語段階でなめらかに発音し、誤った場合には自己修正することができる。	10分
3　「ぎ」を単音節で練習する。	・「ぐいー」を速く言うことで正音の「ぎ」を導く。 ・「い」の口形のまま言えているかを確認する。 ・正誤音の聞き分け・出し分けを行い、正音への意識を高められるようにする。	15分
4　「ぎ」を無意味音節で練習する。	・「ぎ」の音が単音節で正しい構音操作で発音できるようになったら、無意味音節へと段階を上げる。 ◇正しい構音操作で「ぎ」を発音できる。	10分
5　本時の学習を振り返り、次時の学習内容を知る。	・本時の学習を振り返り、意欲的に取り組めたことを称賛する。 ・「家庭学習プリント」を用いて、本児とその親に練習の内容とポイントを伝え（例：お口は「い」の形のまま動かさない）、適切に家庭学習を行うことができるようにする。 ◇家庭学習の内容と練習のポイントを理解する。 ・次時は「ぎ」を単音節・無意味音節で練習することを伝え、次時への見通しをもてるようにする。	5分

3. 吃音のとらえ方と支援の原則

(1) 吃音のとらえ方

　吃音とは、言いたい言葉が思い浮かんでいるにもかかわらず、言葉が滑らかに出てこない症状を指します。吃音は幼児の1割程度にみられますが、その多くは幼児期に自然治癒し、約1〜2％は学童期以降も症状が持続します（森、2020）。吃音は幼児期に発症する発達性吃音と、主に成人期に脳疾患や神経学的疾患、心的ストレスなどにより発症する獲得性吃音に大別されますが、一般的に吃音といえば、発達性吃音を指しているため、本章では発達性吃音について取り上げます。

　吃音のある子どもに特徴的な症状として、①繰り返し、②引き伸ばし、③ブロックがあり、この3つを「吃音中核症状」と言います（図5-6）。吃音の診断基準は中核症状が100文節あたり合計3以上あることですが、特定の単語（例：自分の名前）や場面でのみ症状が現れる場合もあるため、頻度は絶対基準ではありません（森、2020）。

図5-6　吃音中核症状

　この他、吃音のない子どもにもみられる語句のくり返し（これはこれはぼうし…）、挿入（例：えーと、あのー）、中止・言い直し（例：そらはそらににじが…）などがあり、これらは「その他の非流暢性」と呼ばれます（小澤ら、2016）。その他の非流暢性は吃音の有無に関わらずみられますが、吃音のある子どもの場合は言いやすくするための工夫としてその他の非流暢性を多用することがあります（例：えーと、えー、ぼくは……）。さらに、二次的症状として発話時に過度な筋緊張を伴う随伴症状（例：首を振りながら話す）、どもることに対する恐れや予期不安として起こる工夫・回避（例：語の言いかえをする、発話場面を避ける）、吃音に伴う表情や態度の変化として情緒性反応（例：吃音が起きた時に顔が赤面する、咳払いをする）がみられることもあります。

　吃音は軽い「繰り返し」から、緊張性（普段の発声より力が入る様子）のある「引き伸ばし」や「ブロック」、随伴症状を伴う中核症状へと進展していくという特徴が広くみられます（表5-2）。たとえば、初期の第1層では、緊張性のない軽い繰り返しや引き伸ばしがみられますが、この時期は吃音が生じることへの恐れや困惑はなく、どもりながらも自由に話します。一方、症状が慢性化した第4層では、ブロックや随伴症状に加えて、特定の場面に対する恐れが生じ、どもらないようにさまざまな工夫をしたり、特定場面を回避したりする様子もみられるようになります。この時期には吃音を深刻な問題とみなし、対人関係構築や社会参加に影響を及ぼす問題に発展することもあります。このように、吃音は症状

に加えて心理的な問題も進展していくという特徴があり、周囲の人の反応も吃音の問題に含まれます。

表5-2　吃音の進展段階（小澤ら、2016を一部改変）

項目	吃音症状	変動性（波）	自覚および情緒性反応
第1層	・繰り返し ・引き伸ばし ・流暢な時期もあり	・一過的にどもる ・変動性大	・どもることに気づいていない ・全ての会話で自由に話す ・情緒性反応は基本的にはない
第2層	・繰り返し、引き伸ばし（緊張有り） ・ブロック ・随伴症状	・一時的な消失あり	・どもることに気づいているが、自由に話す ・話しにくい瞬間以外はどもることはほぼ気にしていない
第3層	・緊張性にふるえが加わる ・言いやすくするための工夫を巧みに使う	・慢性的	・吃音を自覚し、欠点・問題として捉えている ・強くどもるときに、憤り、嫌悪感をもつが、恐れ、困惑に悩まされている様子はない
第4層	・阻止、随伴症状 ・二次的症状として回避が加わる	・慢性的	・深刻な個人的問題とみなす ・恐れ、困惑がある ・特定場面の回避をする

　Johnson & Moeller（1967）は、吃音問題について「吃音症状（言語面）」「吃音に対する自分の反応（心理面）」「吃音に対する周囲の反応（環境面）」の3側面から捉え、立体で表しています（図5-7）。各側面の大きさは子どもによって異なり、立体の形状も異なります。たとえば、言語面の問題は大きくても心理面の問題は小さい子ども（逆もあり）、環境面の問題が大きく心理面の問題も大きい子ども、などの姿が想定されます。また、3側面はそれぞれの側面が影響し合う（相互作用）という特徴があり、たとえば環境面の問題が改善すると、心理的な不安が軽減され、それに伴って吃音症状も軽減する可能性があります。そのため、吃音のある子どもの指導・支援を行うにあたっては、多面的に実態把握をし、個別の実態やニーズに応じて包括的にアプローチしていくことが重要です。

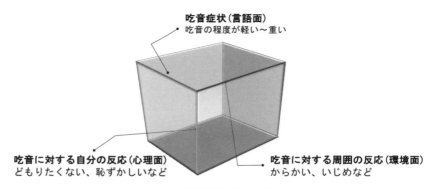

図5-7　吃音問題の立体モデル
（Johnson & Moeller, 1967を一部改変）

次に、吃音問題を構成する「言語面」「心理面」「環境面」の3側面について、それぞれのとらえ方を概説します。

　「言語面」のとらえ方としては、吃音検査法（小澤ら、2016）があります。吃音検査法は、観察可能な吃音症状に焦点をあてる評価法です。吃音が種々の条件で変動することを考慮して、「自由会話」「文・文章による絵の説明」「文章音読」など複数の検査項目が設定されており、困難な音や吃音が減少／増加しやすい条件などを分析することで、指導方針立案の参考にすることができます。幼児版（2～6歳）、学童版、中学生以上版の3種類の版があり、年齢により実施項目や検査材料が異なります。

　分析にあたっては、検査場面の録画・録音データをもとに各項目における非流暢性の種類や特徴、二次的症状の有無・特徴などを質的に評価します（分析例を図5-8に示す）。図5-8の例では、"きえて"を言う時にブロック（Bl）と緊張性がある（＋）繰り返し（SR）が1回生じ、"ぞう"と言う時に緊張性のない（－）語句の繰り返し（WR）が1回と随伴症状（Asc）が生じたことを表しています。このような質的評価を行ったあと、各項目における非流暢性頻度を算出し、量的な評価をします。そして、質的・量的評価の結果をもとに吃音症状の重症度を把握します。吃音検査を指導の開始時・終了時・追跡時などの折に実施することで、吃音症状の変化や改善の程度などを客観的に評価できるようになります。

もう ｜ききえて　いました
BI-SR(1,＋)

ぞうぞうの　ぼうやは　がっかり
WR(1,－)
Asc(首を動かす)

図5-8　吃音症状の分析例

　「心理面」のとらえ方としては、日頃の行動観察や児童からの聞き取りとともに、学齢期の吃音指導ではCommunication Attitude Test（CAT）の日本語版（野島ら、2010）、コミュニケーション態度自己評価質問紙（大橋、2001）などの質問紙を活用して、コミュニケーション態度を把握します。親からの情報と本人の思いは必ずしも一致するわけではないため、CATなどの質問紙で子ども自身に自己評価してもらい、吃音に対する自分の反応（Johnson & Moeller, 1967）をみていくことも大切です。CATはコミュニケーション態度を得点化できるため、非吃音児との比較や支援前後の変容などを定量的に評価できます。

　「環境面」のとらえ方としては、主に保護者と担任からの聞き取りをもとに把握します。保護者から「成育歴」「吃音歴」「心配なこと」「家庭で吃音の話題をオープンにしているか」などを聞き取り、吃音の正しい知識や環境調整の仕方（ことばの臨床教育研究会編、2007）などを伝えるとよいでしょう。担任からは、「学級での様子」「友人関係」「心配なこと」などを電話連絡や面談などで聞き取り、吃音のある子ども・親のニーズに応じた合理的配慮（Iimura et al. 2021; 石田・飯村、2019）を伝えるとよいでしょう。

　この他、行動観察や構音検査、保護者・学級担任の聞き取りから併存する問題の有無な

どを評価し、必要に応じて吃音指導と並行して指導・支援を行います。

(2) 吃音の支援の原則

　前述した「言語面」「心理面」「環境面」の3側面の実態把握をもとに個別の指導計画を作成し、多面的・包括的アプローチを実践します。どの側面に重点的にアプローチするかは個の実態によって異なりますが、個別指導で3側面の指導・支援を併用して行うことで相互作用的にそれぞれの側面の改善が期待できます（石田・飯村、2021）。また、個別指導とグループ学習の学びの連続性をもたせた多面的・包括的アプローチにより、コミュニケーション力の向上や吃音理解が深まることが報告されており（石田・飯村、2023）、グループ学習を実践していることばの教室もあります。ここでは、個別の指導計画（例）を紹介します。

個別の指導計画（例）　　　　　　　　　氏名（　　）作成者（　　）作成日〇年〇月〇日

長期目標	・楽に話す技能を学び、自分に合った方法を必要に応じて活用し、読んだり話したりできるようにする。 ・自分の吃音について正しく理解し、吃音と向き合う態度を育てる。 ・コミュニケーションの楽しさを知り、周囲の人とよりよい人間関係を構築することができるようにする。

具体目標	指導上の留意点
【言語面】 ・発話の流暢性を促進し、楽に話せた経験を積めるようにする。 ・話し言葉の流暢性を形成し、吃音症状の改善を図る。	※個別指導にグループ学習を組み合わせる。 ・斉読をしたリスロープのテンポに合わせて発話したりするなかで発話の流暢性を促進する。 ・楽な話し方のスキル（例：ゆっくり、やわらかく）を活用して段階的に流暢性を形成する。
【心理面】 ・吃音の理解を深め、吃音に対する肯定的な態度を養う。 ・吃音に伴う不安や緊張に向き合い、対処できるようにする。 ・必要な支援について自分から相談できるようにする。	・吃音に関する正しい知識を学び、自己理解や吃音理解を図る。 ・苦手と感じる場面で段階的に成功体験を積み、場面に対する恐怖心を軽減できるようにする。 ・吃音のある児童同士で手紙やビデオレターを介した悩み相談をできる機会を設ける。
【環境面】 ・周囲の人の吃音理解を図り、環境調整を図る。	・担任や保護者との面談を通じて、学校や家庭で適切な働きかけをしてもらう環境を整える。

参考文献
・阿部雅子（2008）『構音障害の臨床 改訂第2版―基礎知識と実践マニュアル』金原出版
・今井智子・加藤正子・竹下圭子・船山美奈子・山下夕香里（2010）『新版 構音検査』千葉テストセンター
・Iimura, D., Ishida, O., Takahashi, S., Yokoi, H., & Miyamoto, S. (2021)「A Questionnaire Survey About Support Requests From School-Age Children and Adolescents Who Stutter」『Language, Speech, and Hearing Services in Schools』52 (2)、717-727
・石田修・飯村大智（2019）「吃音のある小学生を持つ親の家庭での対応及び学校への要望について」『コミュ

ニケーション障害学』36（3）、91-98

・石田修・飯村大智（2021）「ことばの教室に通級する重度吃音児1例に対する多面的・包括的アプローチの実践」『音声言語医学』62（4）、334-343
・石田修・飯村大智（2023）『ことばの教室でできる 吃音のグループ学習実践ガイド』学苑社
・Johnson, W., & Moeller, D. (Eds.) (1967)『Speech handicapped school children(3rd ed.)』Harper and Row, New York
・国立特別支援教育総合研究所（2017）「全国難聴・言語障害学級及び通級指導教室実態調査 報告書」
・文部科学省初等中等教育局特別支援教育課（2021）「障害のある子供の教育支援の手引〜子供たち一人一人の教育的ニーズを踏まえた学びの充実に向けて〜」
・森浩一（2020）「吃音（どもり）の評価と対応」『日本耳鼻咽喉科学会会報』123（9）、1153-1160
・野島真弓・見上昌睦・中村貴志（2010）「吃音児のコミュニケーション態度と吃音重症度，吃音の自意識，指導方法との関係についての検討：Communication Attitude Testを用いて」48（3）、169-179
・大橋佳子（2001）『学齢期吃音児の治療教育. コミュニケーション障害の臨床 第2巻 吃音（日本聴能言語士協会講習会実行委員会編）』協同医書出版
・小澤恵美・原由紀・鈴木夏枝・森山晴之・大橋由紀江・餅田亜希子・坂田善政・酒井奈緒美（2016）『吃音検査法第2版』学苑社
・加藤正子・竹下圭子・大伴潔（2012）『特別支援教育における構音障害のある子どもの理解と支援』学苑社
・ことばの臨床教育研究会（2007）『吃音相談シリーズ・幼児編 うちの子はどもっているの？ お子さんの話し方が気になる方へ』NPO法人全国言友会連絡協議会

第2節　言語障害児の支援計画と指導計画の立案

1. 特別支援教育コーディネーターの役割

　特別支援教育コーディネーターは、各学校における特別支援教育の推進のため、主に校内委員会・校内研修の企画・運営、関係機関・学校との連絡・調整、保護者の相談窓口などの役割を担います。特別支援教育コーディネーターは学校長から指名を受け、校務分掌に明確に位置づけられています。特別支援教育コーディネーターは、特別支援学校と通常学級で主な役割が異なり、特別支援学校では地域の特別支援教育の推進を担う「地域支援型コーディネーター」、通常学級では校内の特別支援教育の推進を担う「校内支援型コーディネーター」としての役割を担っています（家塚・加瀬、2018）。本章では、後者の通常学級の特別支援教育コーディネーターについて概説します。

　平成29年度特別支援教育体制整備状況調査（文部科学省、2017）によると、公立学校における特別支援教育コーディネーターの指名率は、小学校で100％、中学校で100％、高等学校で99.9％となっており、ほぼすべての学校で指名されています。特別支援教育コー

ディネーターは小・中学校ともに特別支援学級担任が担っているケースが最も多いですが、通常学級の担任が兼務しているケースも多いため、そのような場合は特別支援教育コーディネーターを支援し孤立させない取組や校務に専念できるような環境づくりが必要だと考えられます。

　特別支援教育コーディネーターの役割としては、①学校内の関係者や関係機関との連絡・調整、②保護者に対する学校の窓口、③担任への支援、④巡回相談や専門家チームとの連携、⑤校内委員会での推進役の5つが示されていましたが（文部科学省、2004）、平成29年にガイドラインの見直しが行われました（文部科学省、2017）。改定されたガイドラインには、特別支援教育コーディネーターの役割が新たに整理され、特別支援教育コーディネーターの機能強化、人材育成、円滑な引継ぎ等を考えて複数名指名することなどが盛り込まれました。表5-3にその概略を示します。

　また、改定されたガイドラインには、特別支援教育コーディネーター（担任が兼務する場合）と特別支援学級担任及び通級担当教員との連携についても示されています。具体的には、両者で定期的な情報交換を行い、気軽に相談し協力し合う関係を作っておくこと、役割分担を明確にしておくこと、特別支援教育コーディネーターが特別支援教育に関する一層の専門性を身に付けられるように積極的にサポートすること、などが述べられています。さらに、他校通級や巡回指導で他校の児童を指導している場合は、その学校の特別支援教育コーディネーターと連携を図ることの必要性も述べられています。

表5-3　特別支援教育コーディネーターの役割

1. 学校内の関係者や関係機関との連絡調整	(1) 学校内の関係者との連絡調整 (2) ケース会議の開催 (3) 個別の教育支援計画及び個別の指導計画の作成 (4) 外部の関係機関との連絡調整 (5) 保護者に対する相談窓口
2. 各学級担任への支援	(1) 各学級担任からの相談状況の整理 (2) 各学級担任とともに行う児童等理解と学校内での教育支援体制の検討 (3) 進級時の相談・協力
3. 巡回相談員や専門家チーム との連携	(1) 巡回相談員との連携 (2) 専門家チームとの連携
4. 学校内の児童等の実態把握 と情報収集の推進	

文部科学省（2017）から該当箇所を抜粋して作成

2. ケース会議の方法

　校内委員会を開催している学校は、小学校で100％、中学校で99.9％、高等学校で99.3％となっており、ほぼすべての学校で校内委員会が開催されています（文部科学省、

ケース会議の流れ（例）

はじめに	・会議の目的とゴールの共有 ・出席者と役割の確認 ・終了時刻の目安
情報交換	・事例提供者からの状況報告 ・情報の追加・整理
支援策の検討	・行動の背景要因の検討 ・具体的な支援策の検討
まとめ	・決定事項の確認 ・決定事項の周知方法の確認 ・次回の開催予定日

事例提供シート（例）

1　課題となっている行動　※まずは１つにしぼる。

授業中に離席したり、大泣きして床に寝転がる

2　その行動はどのような時に見られるか。行動した結果，どうなっているか。

どのような時にみられるか	結果
・苦手／嫌いな課題を提示した時 　（文章題、読解、鍵盤ハーモニカなど） ・支援員がいない時 ・担任が他の子の指導をしている時。	・課題をやらないで済む ・担任や支援員が声を掛ける ・別室で支援員が対応する

3　児童の実態・特徴

得意な面	苦手な面
・視覚的に示すとよく覚えている ・動物が好き ・朝の支度や当番の仕事などパターン化されたものはよくできる	・集中力が短い ・言葉でうまく説明できない ・抽象的な言葉の理解が難しい

その他 の情報	母親からの情報 心理検査の結果など

4　今までやってみたこととその成果・課題（○うまくいった　●うまくいかなかった）

成果と課題	今までやってみたこと	それによりどうなったか
●	口頭での注意	何度繰り返しても忘れる
●	別室へ連れて行き支援員が声を掛けて落ち着かせようとする	クールダウンに時間が掛かる クールダウンしても戻らない
○	別室で様子を見ながら声掛けはしない	落ち着いて自分から教室に戻ってきた

図5-9　ケース会議の進め方の例

2017）。校内委員会の判断により、特別な支援を必要とする児童生徒の支援方針・内容などについて、チームで事例検討をする会議（ケース会議）が必要となる場合があります。そのような場合、特別支援教育コーディネーターはケース会議の計画を立てますが、開催に当たっては担任・管理職・養護教諭など校内の関係者とともに、必要に応じて保護者や外部の専門家にも参画を求め、家庭や通級による指導の場面における情報を収集できるよう連絡調整を行うことが望まれます（文部科学省、2017）。

　ケース会議では、児童生徒の実態や学級での様子について情報を共有するとともに、関係者で支援方針・内容などについて検討します。ここでは、ケース会議の進め方の例を紹介します（図5-9）。教員の多忙化が問題となっている昨今では、限られた時間でいかに効果的な会議を進められるかが鍵になります。そのためには、単なる情報共有に留まらないよう会議の目的やゴールを明確化するとともに、やみくもに支援策を考えるのではなく、行動や困り感の背景にある要因を検討して個の実態・ニーズに適した支援策を検討するなど、会議の構造化やファシリテーションスキルが求められると考えられます。

　3．通常学級の担任・教科担任の役割

　ケース会議で決定した支援策を学級内で実践します。しかし、実際には支援してもうまくいかなったり、新たな課題がみつかったりすることもあり、成果が現れるまでに時間がかかることもあります。そのような場合は、特別支援教育コーディネーターや特別支援学級担任、通級担当教員などに相談したり、再度ケース会議で検討したりして、各々の専門性を生かし学校全体で組織的に対応する姿勢が大切です。ここでは、特別な支援を必要とする児童生徒に対して、支援の中心を担う通常学級の担任・教科担任の主な役割を表5-4に示します。

表5-4　通常学級の担任・教科担任の役割（文部科学省、2017から一部抜粋）

1．気付きと理解	担任は自身の学級に特別な支援を必要とする児童等がいることを想定し、学校組織を活用し、児童等のつまずきの早期発見に努めるとともに行動の背景を正しく理解するようにする。
2．個別の教育支援計画及び個別の指導計画の作成と活用・管理	担任は特別支援教育コーディネーターと連携して、特別な支援を必要とする児童等の個別の教育支援計画及び個別の指導計画作成の中心を担い、適切な指導や必要な支援に生かす。
3．通常学級の担任・教科担任による支援、指導の実際	学級で特別な支援を必要とする児童等に対して適切な指導・支援をするとともに、温かい学級経営及び分かりやすい授業を心がける。
4．担任を支える仕組み	担任は特別の支援を必要とする児童等への適切な指導・支援を行うために、校内外の様々な人材や組織を活用する。
5．保護者との協働	担任は保護者が児童等の教育に対する第一義的に責任を有する者であることを意識し、保護者と協働して支援を行う。
6．交流及び共同学習の推進	担任は障害のある児童等と障害のない児童等との交流及び共同学習を積極的に検討する。

参考文献

・家塚麻琴・加瀬進（2018）「我が国における特別支援教育コーディネーター研究の動向と課題」『東京学芸大学紀要Ⅱ』69、1-15

・文部科学省（2004）「小・中学校におけるLD（学習障害）、ADHD（注意欠陥／多動性障害）、高機能自閉症の児童生徒への教育支援体制の整備のためのガイドライン（試案）」

・文部科学省（2017）「発達障害を含む障害のある幼児児童生徒に対する教育支援体制整備ガイドライン」

第6章

感覚障害の子どもの特徴と支援方法

第1節　感覚障害のとらえ方と支援の原則

1. 感覚障害に共通すること

（1）感覚障害に関する誤解

　本章では感覚障害のうち、視覚障害と聴覚障害を中心に取り上げます。視覚障害や聴覚障害と言われてどのようなイメージを持つでしょうか。一般的には、「目が見えない障害で、白杖を持ったり、点字を使ったりする障害」、「耳が聞こえず、手話を使わないと会話ができない障害」といったようなイメージを持たれるかと思います。確かにそれらの状態を示す人もいますが、実際には「見えづらい／聞こえづらい」という状態を示す人も多くいます。それらの見えづらさ／聞こえづらさの内容はさまざまで、特定のものや特定の状況であれば見え／聞こえますが、それ以外では全く理解できないといったことも少なくありません。例えば、カーテンの閉まった教室で何の問題もなく活動していた視覚障害児が、日差しの強い屋外に出た途端に、眩しくてほとんど見えなくなってしまうこともあります。また、1対1で円滑に会話をしていた聴覚障害児も、グループ活動で複数の人と話す必要が生じた途端、全くコミュニケーションが取れなくなるということもあります。個人によってもそれらの状態は大きく異なるため、視覚障害あるいは聴覚障害として一括りにとらえるのではなく、一人ひとりの見え方／聞こえ方を理解することが支援を行う上での原則となります。

　感覚障害児は弱視レンズや補聴器などの支援機器を利用しますが、それらの機器を利用していると「障害が治った」と誤解されることも少なくありません。近年ではそれらの支援機器の性能も大きく向上しているものの、支援機器はあくまでも情報の入力をサポートする「道具」であり、入力された情報の「理解」を直接高めるわけではありません。そのため、支援機器を利用したとしてもその見え方／聞こえ方には不自由さが残っています。

例えば、弱視レンズでものを拡大して見る場合には、一つひとつの細部は理解できるものの全体像の把握は難しく、時間を要します。また、音を大きくする補聴器は音声のみでなく周囲の雑音も大きくするため、状況によっては音声がほとんど聞き取れないということもあり得ます。そのため、支援機器を使用しながら自身の残存能力を最大限に発揮することを基本とし、他の感覚情報なども活用しながら、不足する情報を補うということも重要になります。

(2) 情報アクセシビリティの問題

われわれは主に視覚や聴覚を通してさまざまな情報を入手し、身の回りの状況を理解したり、相手とコミュニケーションをとったりしています。視覚や聴覚に障害があると、それらの情報へのアクセスのしやすさ、つまり「情報アクセシビリティ」に問題が生じます。これらの情報アクセシビリティの問題に関しては、苦手とする感覚を他の感覚に代替することで解決される場合も少なくありません。例えば、視覚に障害があって教科書が読めない場合には、その内容を音読する、あるいは点字に置き換えることで情報にアクセスすることが可能です。同様に、聴覚障害があり、先生の話をうまく聞き取れない場合には、音声を文字情報に置き換える要約筆記を行ったり、手話を用いたりすることで発言内容を視覚的に理解することができます。これらのように、不足する情報を他の情報で代替し、情報アクセシビリティを高めていくことが、感覚障害児に対する配慮の基本となります。

その一方で、情報の代替にも限界や制限があることを理解しておく必要があります。例えば、要約筆記では、発言内容を文字情報に置き換えて表示するまでに5〜10秒のタイムラグが必ず生じます。一方的に話を聞く場面であれば大きな問題は生じませんが、「誰かが冗談を言って周囲が笑う」といった場面では、タイムラグのために「なぜみんなが笑っているのかがわらかない」という状態に陥ります。このような状態が続くと必然的に疎外感を感じてしまいます。情報アクセシビリティを高めたとしても不自由さがすべて排除されるわけではないという点を踏まえつつ、配慮を行う必要があります。

(3) 感覚障害と二次的な問題

視覚障害や聴覚障害のある子どもの中には、障害のない子どもに比べ、学業面での困難を抱える子どもが少なくありません。しかし、視覚障害や聴覚障害がそれらの直接的な原因になっているわけで

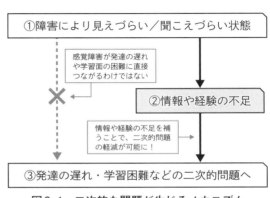

図6-1 二次的な問題が生じるメカニズム

はありません。感覚障害を有するが故に、入力される情報やさまざまな経験が不足するために、二次的な問題として発達の遅れ・偏りや、学業面の困難が生じるとされています。すなわち、発達の早期から手厚い介入を行い、情報の不足や経験の不足を補う環境を整えることで、二次的な問題を予防することも可能となります。それぞれの障害においてどういった二次的な問題が生じるのかという点については次節以降で述べますが、これらの二次的な問題の発生を可能な限り防ぐことが、感覚障害児の支援において重要になります。

2. 感覚障害児の教育

(1) 準ずる教育

　感覚障害児に対して行われる教育は「準ずる教育」と呼ばれています。「準ずる」とは基本的には「同一の」ということを意味しており、通常の学校と同じ教科書を用いて、同じ内容の授業を行うように定められています。そのため、各教科の指導にあたっては、小学校、中学校、高校の学習指導要領にあるそれぞれの内容を踏まえつつ、感覚障害児に対して必要とされる指導上の配慮も十分に踏まえた教育が求められます。

(2) 感覚障害児が学ぶ場

① 盲学校および聾学校

　感覚障害児に対して教育を行う特別支援学校として、視覚障害児には盲学校、聴覚障害児には聾学校が用意されています。これらの学校では、それぞれの障害に特化した教育が行われています。他の障害種の特別支援学校と比べ、幼稚部が設置されている点、0歳代や1歳代からの早期教育相談を行っているという点が特徴として挙げられます。また、その学校数は知的障害児を対象とする特別支援学校と比べても圧倒的に少なく、県内に1〜2校のみ存在します。その背景としては、知的障害児（18歳以下人数は22万人）と感覚障害児（18歳以下の人数は視覚：0.49万人、聴覚：1.58万人）の出生率がもともと異なるという点があります。学校数が少ないために、状況によっては通学に1〜2時間かかる場合もあります。それらの遠方から通う生徒の負担を減らすために、寄宿舎を設置している学校もあります。また、近年では在籍児童生徒数が減少する一方で、知的障害や発達障害などの重複障害を有する子どもの在籍数が徐々に増えてきており、その対応が求められています。

表6-1　障害種別の学校数及び在籍幼児児童生徒数

対象障害種	学校数（校）	在籍数（人）
視覚障害	62	2,230
聴覚障害	85	4,938
知的障害	574	84,548

（令和3年度特別支援教育資料より抜粋）

② 特別支援学級（弱視学級、難聴学級）

　通常の学校に設置され、盲学校や聾学

校のように、感覚障害児に対して専門的な教育を行う学級があります。しかしながら、知的障害や情緒障害を対象とした特別支援学級に比べ、その設置数は圧倒的に少ないという特徴があります。そのため、自身の通学区域の学校にこれらの学級が設置されているとは限らず、次に述べる「通級による指導」を利用する子どもが多い現状にあります。

③ 通級指導教室（通級による指導）

　通級による指導とは、通常の学級に在籍する感覚障害児が、盲学校や聾学校、あるいは通常の学校に設置された教室に通い専門的な指導を受けることを意味しています。週に1回のペースで指導を受ける場合や、月に2回程度のペースで指導を受ける場合など、その形態はさまざまです。ふだんの教科学習の補填や、歩行指導や発音指導などの障害に特化した指導が行われ、個々のニーズに合わせた内容が選択されています。

④ 通常の学級

　近年は通常の学級に在籍する感覚障害児も増えてきました。場合によっては支援員が配置され、情報の不足を補うための何らかの支援（例：聴覚障害児に対する要約筆記など）が提供される場合もありますが、人員的な問題や財政的な問題もあり、十分な配慮が提供できているとは言えません。そのため、障害に応じた学習環境を可能な限り整備しつつ、感覚障害児の自助努力にも頼らざるを得ないという現状にあります。

3. 感覚障害児とその他の障害

　聴覚障害児100名のうち、難聴以外に何らかの障害を有する割合が2〜3割程度存在したとの報告があります（内山ら、2003）。つまり、知的障害や発達障害の中にも感覚障害を有する子どもが一定数存在していると言えます。例えば、相手からの問いかけに応答しないASD児の場合は、真っ先に「社会性の問題」が取り上げられますが、「実は慢性的な中耳炎になっていて、聞こえづらさもあった」といったような、感覚機能の問題の可能性は否定できません。重篤な障害に焦点を当てつつも、感覚機能という視点からも包括的な評価・支援を実施することが求められます。

参考文献
・文部科学省初等中等教育局特別支援教育課（2018）「特別支援教育資料」
・内田勉・伊集院亮子・徳光裕子（2003）「難聴児の発達上の問題について」『Audiology Japan』46（5）、385-386

第2節　視覚障害児の特徴と支援方法

1. 視覚障害とは

　視覚障害とは視力や視野などの視機能が十分でないために、まったく見えなかったり、見えにくかったりする状態をいいます。特別支援学校の対象となる視覚障害の程度としては、学校教育法施行令第22条の3において「両眼の視力がおおむね0.3未満のもの又は視力以外の視機能障害が高度のもののうち、拡大鏡等の使用によっても通常の文字、図形等の視覚による認識が不可能または著しく困難な程度のもの」とされています。ここでいう「両眼の視力」とは眼鏡などで矯正した視力を指しています。

　視覚障害は大きく「盲」と「弱視（ロービジョン）」に分けられ、前者は「見えない」という状態を、後者は「見えづらい」という状態を指します。盲と弱視について、これらは視力などで明確に分けられるものではありません。主に触覚や聴覚などの視覚以外の感覚を活用し、点字を使って学習や生活をする者を盲、主に視覚を活用し、墨字（普通に印刷された文字のこと）を使って学習や生活をする者を弱視と呼ぶなど、常用する文字によって使い分けられています。しか

し、盲や弱視に大別されたとしても、一人ひとりの見え方は大きく異なる点に注意する必要があります。「見えない」と言っても、視力が「0」の全盲と言われる状態から、光の指す方向を感じることができる状態など、見え方には幅があります。弱視においてはその見え方がより多様であり、①ピントが合わない状態や、②明るすぎて（あるいは暗すぎて）見えない状態、③中心の細かいところのみが見えない状態、④周囲が見えづら

図6-2　さまざまな見えづらさ

く対象の全体把握が困難な状態などが代表的な見えづらさとされています。そのため単に視覚障害と一括りにするのではなく、一人ひとりの見え方を理解し、支援していくことが求められます。

2. 視覚障害の特徴

(1) 視覚障害児が抱える発達上の課題

　視覚情報の入力が制限されることで、行動の制限、情報入手の制限、模倣の制限などに発展し、運動機能や言語の発達、あるいは基本的な概念の形成などが二次的に阻害される可能性が生じます。例えば、「大きな赤いトマトがなっています」という表現を使ったとしても、視覚的にかつ直感的に確認した経験が不足しているために、「大きい」や「赤い」といった概念理解が曖昧な可能性もあります。このように、実態を伴わない盲児特有の言語を「バーバリズム」と呼びますが、その実物に触るといった直接的な経験を増やしながら、イメージや概念の獲得を促していく必要があります。見えないものを見えるようにすることは難しいですが、これらの二次的な問題が発生しないように、さまざまな経験を積むことのできる環境を整えていく必要があります。

(2) 視覚障害と点字

　点字は六つの点を組み合わせることで、かな、数字、アルファベット、各種の記号を表すことができます。他にも、数学記号、理科記号、楽譜なども存在し、「点字表記法」という細やかな規則が決められています。また、点字を理解するためには、手や指を動かしながら触る触運動感覚（ハプスティック知覚）が必要であり、幼少期からの触覚の発達を促すことが、点字の読み書きにおいても重要です。一方で、点字には漢字が存在しないことなどが影響し、墨字に比べ1.8倍もの分量になります。そのため、墨字を使用した場合に比べ、読み書きに時間がかかるといったような利用上の制約がある点に

① 点字は母音を中心として表記される

② 母音に加え6の点を打つことで、「カ行」であることを示す

③ 濁音の際は2マスを使って、1マス目に「濁音符」が打たれる

④ 数字の際は2マスを使って、1マス目に「数符」が打たれる

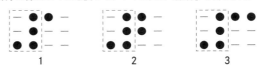

＊その文字を特徴づける箇所を灰色の点線で囲った

図6-3　点字の例

も気をつけなければなりません。

⑶ 弱視の見え方

　弱視児がものを見る際には、小さなものや遠くのものを大きく見せるための「弱視レンズ」が有効な場合もあります。しかし、この弱視レンズは誰でもすぐに使えるというものではなく、ピントの合わせ方、文字の認知の仕方、単語や文章の読み方など、早期から段階的に練習する必要があります。また、弱視児が日常生活を送る上では、たとえすべてが見えてなくとも、それまでの経験に基づき、曖昧な部分を予測と判断で補って見る力を養うことが不可欠です。そのため、状況に応じて視覚以外の感覚も活用しながら、概念の獲得を促していくことも必要となります。

3. 視覚障害児に対する配慮

　視覚障害児に対する配慮としては、①見やすい環境づくり（主に弱視児が対象）と、②視覚以外の情報を活用できる環境づくりが求められます。

　弱視児の見え方は個々によって大きく異なるため、一人ひとりに応じた見やすい環境を整備する必要があります。明るさが苦手な場合には、遮光眼鏡やカーテンなどで光を遮る、あるいは暗さが苦手な場合は机の上に個別の照明を置くといった環境調整が考えられます。毎日使う道具であっても、マス目の大きいものやコントラストがはっきりしたものなど、見やすく使いやすい道具を選定することも有効です。また、教材を作成する際にも、読みやすいサイズに拡大する、必要情報のみを精選し拡大する、チョークの色はコントラストの強いものにするといった配慮が行われます。近年ではタブレット端末や電子黒板なども教育現場で活用される機会が増えてきており、拡大読書器などと併せ、そのような機器を積極的に導入することも有効であると思われます。

　視覚以外の情報の活用という点においては、盲児を中心に、点字教科書の使用できる環境や、点字を読み書きできる環境（点字タイプライタや点字板の使用、点字ディスプレイのあるパソコンの使用等）が基本となります。あわせて、授業中には視覚的な情報をこと細かに言語化し、子どもに伝えるといったことも必要になります。例えば、算数で棒グラフを説明する際には、「こちらの棒のほうが少し高いですよね」などの指示語や曖昧な表現を利用せず、「左の○○が右の△△よりも2個分高いですよね」といったように、一つひとつを丁寧に言語化して伝えることが重要になります。その他、調べ学習で辞書を使用する際の音声読み上げソフトの使用や、観察が必要な理科の実験の際に色の違いを音の高低に置き換えて伝える感光機の使用が考えられます。触図を使って基本図形や地図を確認したり、立体模型を触ってイメージを獲得したりすることも有効です。

これらの配慮は学習時のみに限った話ではありません。教室や階段に点字プレートなどの明確な目印を設置する、教室やトイレのドアと壁の色を変えるなど見やすさに配慮し、学校や施設全体の環境を整えていく必要があります。

4. 視覚障害児への専門的な指導

　視覚障害児に対して専門的な指導を行う教育の場としては盲学校や弱視学級、通級指導教室が挙げられます。そこでは前項で述べたような配慮が常に行われると同時に、子どもの実態に応じて自立活動という形で系統的な指導が行われます。

(1) 歩行指導

　歩行指導は、盲学校で行われる自立活動においても重要な位置を占めています。歩行指導といってもいきなり白杖を使った指導を始めるわけではありません。まずは準備段階として、体の使い方やボディイメージ、自分が生活している環境を理解する力、触覚や聴覚などの視覚以外の感覚を活用して情報を理解する力の指導が行われます。これらは主に幼少期に重点的に指導され、遊びや活動の中で能力が自然と獲得できるように工夫されています。その後は実際に白杖を用いて、白杖の振り方や、階段の歩行の仕方、伝い歩きの仕方を学んで行きます。同時に、視覚障害者誘導用ブロック（点字ブロック）を利用した歩き方や、塀や縁石などの歩行時の手がかりの探し方及び活用方法についても学びます。それらの基礎的指導を終えて学校外での応用的な指導を行う際には、周囲の人に助けを借りるための援助依頼に関する指導も行われます。これらのように、幼少期から数年間に渡る指導を経て、自分の行きたい場所へ移動できる術を身につけます。

(2) 読み書きの指導

　読み書きの指導においては、子どもの視覚障害の状態などに応じて、点字・墨字どちらを用いるかの判断をした上で、それぞれ系統的な指導を行います。まず、点字を使用する盲児に対しては、いきなり読み書きをするわけ

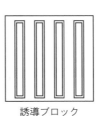

誘導ブロック

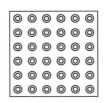

注意喚起ブロック

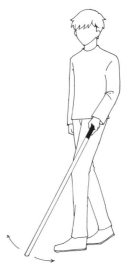

①種類の異なる点字ブロックの違いを足底で認識しながら歩行の際の手がかりとしています。

②白杖を動かしながら歩くことで、路面の変化や段差などを探知し、安全に歩行します。

図6-4　視覚障害者と歩行

ではなく、触覚に関する基礎的な能力を高める必要があります。さらに、点字の指導は自立活動のみで行うのではなく、各教科の学習内容と合わせて行うことが重要です。例えば、算数の授業では演算符号や幾何図形が点字で表されますが、日常生活の中ではそれらに触れる機会がなかなかありません。そのため、自立活動において基礎的スキルを高めつつ、各教科の学習の中で内容理解とともに確実に身に着けていく必要があります。次に、墨字を使用する弱視児は、見え方によって、似ている文字を読み間違える、一度に見える範囲が狭く読む速度が遅いなどの特徴があり、読みに苦手意識を持ってしまうことがあります。そのため、弱視レンズなどの機器を用いながら読むためのポイントを丁寧に指導し、読む速度を上げ、読んで理解する力を付けていきます。また、漢字の学習においては、手本を見やすい大きさにする、回数を多く書かせるよりも正しく丁寧に書かせる、漢字の部首や筆順に注目させるといった点に注意した指導が行われています。

(3) 日常生活動作に関する指導

　幼少期は、手の届かない所にある玩具を見つけてハイハイで近寄る、つかまり立ちをして見ようとするなど、視覚的な刺激が身体活動の契機となり、運動機能が発達していきます。視覚障害児において運動機能の発達を促すためには、子どもが興味・関心をもって自発的に身体を動かしてみようと思える刺激（見えやすい光、音、匂いなど）を用意し、安全で空間の広がりが十分に理解できる環境を整えることが重要となります。また、幼少期は、周囲の人の行動を観察して、動作を模倣することで、食事の仕方、衣服の着脱などの動作を身に付けていきます。しかし、視覚障害児は、周囲の人を見て模倣することが困難であるため、日常生活に必要な動作一つ一つについて、子どもの手を取って動かしながら丁寧に教えることが必要です。複雑な動作を教える場合には、他人の身体を触って手本にしたり、人形の模型を動かして身体の動かし方をイメージしたり、言葉で動作の結果をフィードバックするなどの方法が考えられます。体育では、楽しみながら身体を動かす機会を設け、飛び跳ねる、スキップをするなど、気持ちを表現する手段としての身体の動かし方を教えることも大切です。さらに、自立活動では、発達段階に応じて、買い物、洗濯．掃除、調理などの身の回りの家事についての指導を行います。目で見て確認する代わりに聴覚や嗅覚、触覚を活用する、便利な器具を使用するなど、自分に合った方法を探して身に付けていくことが必要です。

参考文献
・青柳まゆみ・鳥山由子（2015）『視覚障害児教育入門』ジアース教育新社
・香川邦生編著（2016）『視覚障害教育に携わる方のために』慶應義塾大学出版会

第3節　聴覚障害児の特徴と支援方法

1. 聴覚障害とは

　聴覚障害とは、身の回りの音や話し言葉が聞こえにくかったり、ほとんど聞こえなかったりする状態をいいます。特別支援学校の対象となる聴覚障害の程度としては、学校教育法施行令第22条の3において「両耳の聴力レベルがおおむね60dB以上のもののうち、補聴器等の使用によっても通常の話声を解することが不可能又は著しく困難な程度のもの」とされています。dB（デシベル）というのは音の大きさを表す単位で、ささやき声であれば約30dB、普通の会話音声が約60dB、ややうるさいと感じ始める音が約90dBを示します。聴力レベルとは、その人が聞き取ることができる最も小さい音の大きさを意味しています。つまり、聴力レベルが60dBの人は60dB以上の大きな音でなければ聞こえないことになり、数値が大きくなればなるほど障害の程度が重くなることを意味します。

　聴覚障害を表す表現として、「難聴」や「ろう」があります。「難聴」は障害の程度が比較的軽く、自身の聴覚を積極的に活用している聴覚障害児に使われることが多い表現です。その障害の程度はさまざまで、一人ひとりの聞こえ方が異なります。一方で、「ろう」という表現について、以前は難聴との対比的な表現として、障害の程度が重く聴覚活用に限界のある人々に対して使われてきました。最近では、手話を第一言語とする「ろう者」と呼ばれる集団に対して用いられることも多くなりました。ろう者は手話を用いてコミュニケーションを行うために、聞こえないことによる不利益もなく、聞こえないことを障害としてとらえていません。そのため、「ろう者」という言葉に対して、聴覚に障害がない人のことを「聴者」（健聴者ではない）と呼ぶようにもなってきています。このように、「難聴」や「ろう」といった表現の使い分けは、聴力レベルのみで決まるわけではなく、本人のアイデンティティとの関係で考えていく必要があります。この点からも、聴覚障害と一括りにするのではなく、一人ひとりの立場にたった理解が求められます。

2. 聴覚障害の特徴

⑴ 聴覚障害児が抱える発達上の課題
　聴覚に困難が生じると、相手の発言内容がうまく聞き取れず、コミュニケーションに不便が生じるという直接的な問題が生じます。さらに、聴覚情報が不足することで「言葉の

遅れ」という二次的な問題にも発展します。私たちは誰から言葉を教わるわけではなく、家族などの身近にいる人々が発する音声を聞き、それらを模倣していくことで言葉を獲得していきます。これらの経験が制限されると、正しい発音を学習できないという問題や、語彙や文法など、日本語を正確に獲得できないという問題が生じます。さらに、発達初期の言葉は認知や思考の発達にも影響を及ぼすため、聴覚の問題が言葉の問題に繋がり、言葉の問題がその後の学業不振などの三次的な問題に発展することも少なくありません。そのため、聴覚的な経験が不足するという問題に対し、早期からの支援及び介入を行うことで、これらの二次的な問題がなるべく生じないように環境を整えていく必要があります。

(2) 聴覚障害と聞こえ

はじめの項にも書いたとおり、聴力レベルによって聞こえづらさが規定されますが、その聴力レベルは音の高さ（周波数）によっても変わります。そのため、低い音から高い音まで等しく聞こえづらい人や、低い音に比べて高い音が聞こえづらい人もいます。特に、重度の聴覚障害児には、高い音が聞こえづらいタイプが多いとされています。図6-5にあるように、「全く聞こえないわけではないが、なんと言っているのか十分に理解しづらい」という状況も少なくありません。

聞こえの困難さを補うための代表的な機

TA-KE-SHI-TA-SA-N
た-け-し-た-さ-ん

通常の聞こえのイメージ。1つひとつの音が明瞭に聞こえ、話されたことばが「竹下さん」であると理解できる。

TA-KE-SHI-TA-SA-N
あ-え-い-あ-あ-ん?

重度の難聴を伴った場合の聞こえのイメージ。「竹下さん」という音そのものが入りづらく、「t, k, sh」のような高い子音はより聞こえづらくなる。音が歪んで聞こえるために、全体としても何と言っているのかが理解しづらい。

図6-5　聴覚障害者の聞こえのイメージ

器として補聴器が挙げられます。補聴器は、入力された音を大きくして耳に届ける機能を有しています。また、近年では人工内耳という機器が普及し始めました。一見すると補聴器に似ていますが、入力された音を電気信号に変換し、それらの信号を聴神経に直接届ける仕組みとなっています。手術をして電極や受信機を埋め込む必要がありますが、音声理解という点についてはかなりの効果を発揮しています。特に、聴力レベルが90dBを超える最重度の聴覚障害児の場合では、補聴器よりも人工内耳のほうが有効なケースが多いという報告が見られます。

(3) 聴覚障害とコミュニケーション

一般的に「聴覚障害者はみな手話を用いて会話している」というイメージが先行します

が、音声を用いたコミュニケーションを行う人も少なくありません。ただし、基本的には聴覚情報のみで会話を理解することには大きな困難を伴います。そのため、聴覚情報に加え、話者の口形情報や表情などを読み取る「読話（どくわ）」を活用することで、発話内容を推測しながら会話をするなど、聴覚以外の情報の活用が重要となってきます。

　手話は、聴覚情報の利用が難しい聴覚障害児にとって、確実にコミュケーションがとれる手段の一つです。また、単なるコミュニケーション手段としてではなく、聴覚障害児の心理的安定や障害認識の一助となるという点も見逃せません。日本で用いられている手話は、①日本語とは全く異なる言語体系を持つ日本手話、②日本語の語順や文法に手話単語を当てはめた日本語対応手話などがあります。一方で手話には書記言語が存在しないため、筆記の際には日本語を用いることになります。特に日本手話を用いた際は、その言語体系は日本語と大きく異なるために、円滑に読み書きに移行できない場合もあります。そのため、教育の分野において手話を使用する際には、コミュニケーション以外の日本語の獲得という面からも、その使用方法を検討する必要があります。

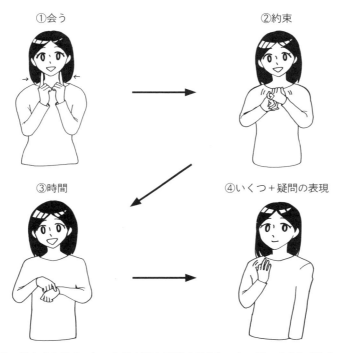

「何時の待ち合わせ？」を手話で表現する

①会う　　　　　　　　　　　　②約束

③時間　　　　　　　　　　　　④いくつ＋疑問の表現

「何時の待ち合わせ？」という日本語を手話で表すと、上の図のように「会う／約束／時間／いくつ？」という単語の並びとなり、使用される単語そのものや語順が日本語とは異なる。

図6-6　手話表現の例

3. 聴覚障害児に対する配慮

　聴覚障害児に対する配慮としては、①音声を聞きやすい環境づくりと②聴覚以外の情報を活用できる環境づくりが求められます。

　まず、音声を聞きやすい環境づくりについては、聴力レベルよりも大きな声で話すことが大前提となります。また、周囲に雑音があると聴覚的理解が極端に低下するので、机や椅子の脚に家具用の消音テープを貼るといった物理面での工夫や、周囲が静かになってから話すことを徹底する必要があります。話し合いなどで周囲の雑音が避けられない場合は、空き部屋などを利用することも有効です。さらに、聴覚障害児に話しかける際には、注意が話し手に向いているかどうかを確認する必要があります。後ろから話しかける際には肩を叩いて振り向かせてから話す、下を向いてメモをとっている際には話しかけないといった配慮が有効です。

　上記のような配慮を行ったとしても聞こえづらさは残ります。そのため、音声だけではなく文字や絵、あるいはジェスチャーなどの視覚的な情報も同時に使用する配慮も求められます。さらに、相手の口の形が読み取れるかどうか、読話ができるかどうかも音声の理解に大きく関わってきます。マスクなどは口形を隠してしまうため、会話の際は可能な限り外すといった配慮が必要になります。また、話し手の口形が読み取れるように、前から2〜3列目付近に座席を配置することが望ましいとされています。他にも、複数の人が同時に話さないようにし、話す人が誰かわかるようにする、可能な限り向かい合って話す、発表者は全員から見える位置に立ってから話すといった配慮が有効です。

4. 聴覚障害児への専門的な指導

　聴覚障害児に対して専門的な指導を行う教育の場としては聾学校や難聴学級、通級指導教室が挙げられます。そこでは前項で述べたような配慮が常に行われると同時に、幼児児童生徒の実態に応じて自立活動という形で系統的な指導が行われます。その代表例として、以下のような言語指導が挙げられます。

(1) コミュニケーション・話し言葉の指導

　音声言語も手話言語も人との関わりの中で、経験を通して習得されます。乳幼児期には、気持ちを共有する経験の中で、「楽しいね」「びっくりしたね」などの心情を表す言葉が豊かになっていきます。さらに、子どもは生活の中で自然と入ってくる周囲の会話を聞く（手話の場合は見る）ことで、新しい言葉や表現を覚えていきます。聴覚障害児は周囲が音声のみで会話をする場合、曖昧な状況の中で相手の気持ちや意図がわかる経験が乏しくな

り、また周囲の会話を聞くことで得られる経験の幅が狭まりやすくなります。そのため、子どもの実態に応じて様々な方法を組み合わせてコミュニケーションを行うなど、乳幼児期から「わかる」経験ができるような環境を作ることがとても大切になります。わかる経験を積むことは、子どもの相手に伝えたい・相手を知りたいというコミュニケーション意欲を育むことに繋がり、それは言葉の発達の基盤となります。幼児期から児童期初期にかけては、実際に経験したり、実物に触れたり、絵、写真、映像などの視覚的なイメージを活用したりして、事物や事象と言葉の結びつきを作るための指導が大切になります。また、日々の会話や話し合い活動などの学習場面で、日常の出来事を話題として取りあげ、子ども自身が経験したことを言葉で表し、他者と共有する機会を設けることも重要です。それらが、具体的な対象が目の前になくとも言葉を通して新しい言葉を獲得し、教科学習をしていくための基盤となります。

(2) 発音指導

　聴覚障害児はお手本となる音声を明瞭に聞き取ることができないため、発音が不明瞭になることが少なくありません。そこで、発音のメカニズムに基づいて1つ1つの音を出す練習を行います。発音指導に入る前提として、息づかい、あごや舌の動かし方の発達が必要となります。幼児期は、これらの発達を促すための遊びを取り入れています。例えば、風車、巻き笛、シャボン玉などの遊びは、子どもが自らの息づかいを視覚的に確認でき、細く長く息を出す練習を楽しみながらできます。重度の聴覚障害児においては、発音の練習を熱心に行ったとしても、その発音明瞭度の向上には限界があります。しかし、1音ずつの発音、単語の発音、短文の発音練習を行うことで、日本語の音の響きの感覚を学習することが可能になります。それが後の読み書きの能力にもつながっていきます。

(3) 読み書きの指導

　聴覚障害児も聴児と同様に、幼児期に絵本や友達の名前から、文字への興味が高まり、就学前から平仮名が読めるようになっていきます。コミュニケーションの中で指文字が使用される場合には、指文字が文字学習の契機となる場合もあります。また、文字の学習が進む過程で、音韻意識も発達していきます。音韻意識とは、話し言葉の意味的な側面ではなく、音韻的側面に着目し、言葉の音韻的な単位に気づき、識別し、操作する能力を指します。音韻意識の発達は、読み書きにおいて必要不可欠であり、上述した発音指導、しりとりなどの遊び、文字で視覚的に音韻を確認することなどによって、発達を促していくことが大切です。

　就学の前後からは、読み書きに関する指導の比重が大きくなります。個別の指導の中で、

語彙の弱さや助詞の理解の弱さなど、それぞれが抱える言葉の弱さに関するアプローチが行われます。発達初期の聴覚障害児においては、「自分が経験したこと」に関しては言葉で理解できていても、「自分が経験していないこと」を言葉で理解することには困難が生じます。そのため、まずは自身が経験した内容を絵や文章で書き留める絵日記指導が伝統的に行われています。同時に、国語などの授業においても、文章で書かれた内容を実際に演じてみることで、その場面をイメージしながら理解していくという動作法が用いられます。このように系統的かつ丁寧な指導を続けることで、読み書きの力を獲得していきます。

参考文献
廣田栄子（2021）『特別支援教育・療育における聴覚障害のある子どもの理解と支援』学苑社
白井一夫・小網輝夫・佐藤弥生（2009）『難聴児・生徒理解ハンドブック—通常の学級で教える先生へ』学苑社

第7章

肢体不自由や病弱・身体虚弱の子どもの特徴と支援方法

第1節　肢体不自由や病弱・身体虚弱の子どものとらえ方と支援の原則

1. 肢体不自由や病弱・身体虚弱の子どもとは

　文部科学省の「障害のある子供の教育支援の手引き」によると、肢体不自由とは、「身体の動きに関する器官が、病気やけがで損なわれ、歩行や筆記などの日常生活動作が困難な状態」を表しています（文部科学省、2021）。一方で、病弱は、「心身が病気のため弱っている状態」を、身体虚弱は、「病気ではないが身体が不調な状態が続く、病気にかかりやすいといった状態」を指しています。いずれも風邪のように一時的なものは含まれません。

　肢体不自由と病弱・身体虚弱とは、互いに重なり合うこともあります。たとえば、「筋ジストロフィ」は、筋肉細胞が壊れて次第に再生が追いつかなくなることで、筋力が低下し、筋が萎縮していく病気の総称です。症状が進行していくので、はじめは普通に生活ができても、徐々に症状が悪化し、歩行困難になるなど運動機能が損なわれてしまいます。このような場合は「肢体不自由」の定義に当てはまりますが、さらに進行していくと、心臓や呼吸などの心肺機能にも影響を及ぼし、呼吸管理が必要になるなど「病弱・身体虚弱」の定義にも当てはまります。本章の第4節で説明する医療的ケアを要する子どもの中には、自立歩行ができずに車いすを利用することもあります。その場合も、やはり「病弱」でもあり「肢体不自由」でもあります。このように「肢体不自由」と「病弱・身体虚弱」が互いに重なり合う場合も少なくなく、その背景には現代における医療技術の進展も深く関与しています。したがって、この状態像は「肢体不自由」なのか、それとも「病弱・身体虚弱」なのか、と分けて考えることは難しいケースもあることを理解しましょう。

2. 肢体不自由や病弱・身体虚弱の子どもの共通する課題と支援の原則

　これらの障害に対して、共通して考えなければならないのは、「経験の不足」という問

93

題です。「肢体不自由」の場合には、運動に制限があることでさまざまなことを体験するのが難しい面があります。たとえば、森林の中で虫取りをしたり、海や川で遊んだりなど、多くの子どもたちが普通に体験していることが不足してしまう可能性があります。その結果、「ミミズ」をみても、それがどこに生息し、どのような動きをして、触ってみるとどうなるかなどが理解できないこともあります。これらは、実体験で得られる知識であり、普段生活で自然と身に付けていくことも多いでしょう。しかし、これらの体験が不足すると、言葉の意味を知っていても、その意味は一義的になりがちです。

　同じような問題は、「病弱・身体虚弱」の子どもたちにも生じます。先述のように、「病弱・身体虚弱」に含まれるのは、単なる風邪やケガのように一時的に生じるものではなく、比較的長期にわたり治療を必要とする場合ですから、それぞれの病状に応じて行動が制限されていきます。たとえば、「心疾患」の子どもであれば、運動することにかなりの制限が加えられるケースもあります。その場合は、思いきり体を動かすことの経験が欠如することになるでしょう。その経験自体が不足することは、「思いきり体を動かす」という実感が得られないことにつながります。すなわち、表面上言葉を知っているということと、実感として言葉を知っていることとは違うということです。

　このように「肢体不自由」や「病弱・身体虚弱」の子どもたちは、直接的な経験が不足したり、偏ったりしやすいといえます。したがって、このような子どもたちに対して、不足しがちな経験は何か、そして不足している経験を補うように実物に実際に触れる体験を増やすなど、指導の工夫が必要となります。最近では、身近になったICT機器をうまく活用することで、バーチャルではあるものの、不足しがちな経験を補おうとする試みがあります。たとえば、病院に入院している子どもたちにとって、肢体不自由の子どもと同じように行動の制限が加わります。しかし、ICT機器を活用すれば、バーチャルではあるものの、あらゆる場所に移動することが可能であり、さまざまなことを調べることが可能となります。インターネットでつながることで、元の学校（原籍校）にいる友だちと会話することができ、心理的不安を軽減させる効果があることも報告されています（滝川・西牧、2010）。子どもの障害像から不足しやすい経験とは何か、本当に実感として理解できているのかを確認しながら、可能な限り実体験できるような教材の工夫が求められます。

参考文献
・文部科学省（2021）「障害のある子供の教育支援の手引き」
・滝川国芳・西牧謙吾（2010）「病気のある子どもを担当する教師間における情報共有手段の開発に関する研究―ICT（Information and Communication Technology）活用による病弱教育支援冊子の作製をとおして―」『川崎医療福祉学会誌』20(1)、147-157

第2節　肢体不自由児の特徴と支援方法

1. 肢体不自由とその原因

「肢体不自由」は、1942年に肢体不自由児施設の「整肢療護園」を開設した高木憲次によって提唱された用語です。肢体とは四肢（上肢と下肢）と体幹（胴体）を意味しますが、実際にはこれらに加え、顔や舌などが思い通りに動かせない場合もあります。「肢体不自由」とは病名ではなく、発生原因のいかんを問わずに、四肢や体幹が永続的に不自由な状態を指す総称です。

肢体不自由といえば、事故などで脊髄を損傷することで下肢を思うように動かせない事例を思い浮かべるかもしれませんが、それは肢体不自由の子どもたちにおいてごく一部であり、その他のさまざまな要因により肢体不自由の状態となります。肢体不自由の主な原因には、①脳性疾患、②脊椎・脊髄疾患、③筋原性疾患、④骨関節疾患、⑤骨系統疾患などが挙げられます（表7-1）。肢体不自由特別支援学校に通う子どもたちの70〜80％は脳に起因する脳性疾患で占められます。主な脳性疾患は、脳性まひ、水頭症、そして出生後に生じる脳損傷や脳炎などです。その中で最も多いのは「脳性まひ（Cerebral Palsy: CP）」であり、「受胎から生後4週までに生じた非進行性の脳病変を病因とする運動障害の総称」です。この定義は1968年に当時の厚生省脳性麻痺研究班会議で定められました。

脊椎・脊髄疾患に含まれる二分脊椎、既に述べた筋原性疾患に含まれる筋ジストロフィなども肢体不自由児の主なものとして挙げられます。二分脊椎は、妊娠第4週目に脳や脊髄の原型である神経管が作られる際、筒状の神経管が閉まらずにそこから脊髄が脱出するなど、神経障害を引き起こしてしまう病気です。多くは下肢の運動障害を引き起こし、膀胱・直腸障害による排泄障害が生じます。

そのほかにも、肢体不自由の原因疾患として少ないものの、ペルテス病（大腿骨頭部への血行不良により骨の壊死が生じてし

表7-1　肢体不自由の主な原因疾患

原因疾患	主な疾患
脳性疾患	脳性まひ、水頭症、脳外傷後遺症など
脊椎・脊髄疾患	二分脊椎、脊椎側弯症など
筋原性疾患	筋ジストロフィ、重症筋無力症など
骨関節疾患	発育性股関節形成不全、ペルテス病など
骨系統疾患	先天性骨形成不全症、軟骨無形成症など
代謝性疾患	ムコ多糖代謝異常症、マルファン症候群など
四肢の変形	下肢切断など
弛緩性まひ	ポリオなど

まう病気）や先天性骨形成不全（多くは遺伝子異常により骨が脆くなり、骨折を繰り返すことで四肢の変形を引き起こす病気）など、さまざまな原因により肢体不自由の状態が生じます。発育性股関節形成不全（先天性股関節脱臼）やポリオウィルス感染による弛緩性まひなど、予防や治療方法の開発により歴史的に激減していったものもありますし、最も多くを占める脳性まひも時代背景にともない、その状態像は変化しています。

2. 脳性まひの特徴

脳性まひは、生理学的分類として、①痙直型、②アテトーゼ型、③失調型などに分けることができます。痙直型は、筋緊張の高い状態がつづき、動きが硬くなるのが特徴です。アテトーゼ型は、低緊張と過緊張を繰り返すために筋緊張が一定せず、姿勢が安定しないのが特徴で、情緒的変化によっても筋緊張は影響を受けます。失調型は、身体のバランス保持や正確で細かな動きの制御が困難になるのが特徴です。これらで最も多いのは痙直型脳性まひですが、痙直型とアテトーゼ型が混合する型（混合型）も多くなっています。

痙直型は、運動の命令に関わる大脳皮質やそこから脊髄に至る経路（一部の錐体路）に障害があると生じます。一方で、アテトーゼ型は脳の奥にある大脳基底核に障害があると起こります。大脳基底核は運動の調節や運動実行の決定に関与しており、ここが障害されることで意図した運動が開始されなかったり、止められなかったりするなどの症状が現れます。最後に、失調型は脳の後下方にある小脳に障害があることで生じます。小脳は歩行や姿勢保持など運動の自動制御に関わる脳領域です。ここが障害されることで、バランスの保持や慣れた運動がスムーズにいかなくなります。

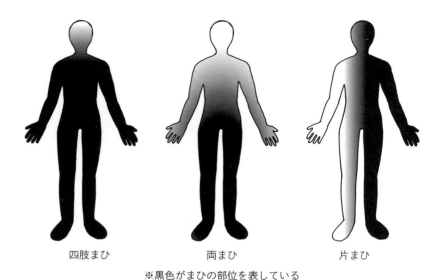

四肢まひ　　　　　　両まひ　　　　　　片まひ

※黒色がまひの部位を表している

図7-1　まひの部位による分類

一方で、まひの起こる部位による分類もあります。代表的なものを挙げると、左右の上肢と下肢にまひがみられる四肢まひ、上肢に比べると下肢にまひが強くみられる両まひが挙げられます（図7-1）。そのほか、体の片側にまひがあらわれる片まひなどがあります（図7-1の「片まひ」では左半側まひを示しています）。

　肢体不自由の子どもたちにおいて、原因疾患として脳性まひが多くを占めることは歴史的にみても一貫しています。しかし、先述したようにその状態像に目を向ければ、時代の流れの中で変化しています。たとえば、母子の血液型が合わないことで生じる核黄疸は、アテトーゼ型の脳性まひを生じさせます。核黄疸になることで、子どもの赤血球が壊された結果、血液中にビリルビンという物質が増え、これが大脳基底核に沈着することで起こるのです。しかし、1980年代になりますと、核黄疸に対する治療方法やそれに対応する新生児集中治療室が増えたことにより、核黄疸によるアテトーゼ型の脳性まひは激減することとなります。このような医療技術の進展により、脳性まひの出生率は減じていった時代があります。

　一方で、医療技術が進展することで、それまで出産トラブルにより死産になるようなケースでも救命できるようになりました。このことは、脳性まひの出生率を上昇に転じさせることになります。現在では、さまざまな障害が重複する重度・重複障害児、そしてかなりの低体重で出生する早産低出生体重児であっても救命することが可能な時代になりました。前者ではさまざまな病気が合併し、医療的な介護の中で教育を行うことが求められます（詳細は第7章第4節を参照）。一方、後者では脳室周囲白質軟化症（periventricular leukomalacia: PVL）を生じさせ、知的に問題がないケースも多いものの、痙直型両まひを呈しやすい傾向があります。したがって、障害の重度・重複化と早産低出生体重児の二極化傾向を示しているのが現在の特徴となっています。

3. 肢体不自由の子どもたちへの支援の原則

(1) 子どもの目線で考える

　肢体不自由の子どもたちの原因はさまざまであり、同じ脳性まひであってもその実態はさまざまです。したがって、支援する側は肢体不自由児を一括りにとらえずに、絶えず一人ひとりの子どもの目線で考えていく必要があるでしょう。たとえば、こちらからの問いかけに対して、反応が乏しい、あるいはまったく反応がない（ように見える）子どもたちと出会うこともあるでしょう。その場合、こちらからの問いかけに対して全く理解できていないのでは、と思うかもしれません。しかし、言われたことを理解できているのに情報を発信する手段が限定されているために反応できないことも考えられます。したがって、「反応がない」＝「分かっていない」と安易に考えないこと、そして本当に何も反応していな

いのか、探っていくことが大切です。障害が重度・重複化すると、子どもの反応も体調などによって一定しないことも起こります。この場合は、一回の反応で一喜一憂せず、データを積み重ねていきながら、その頻度に注目していく必要もあるでしょう。

(2) 姿勢の安定をはかる

　肢体不自由児にとって、自ら姿勢を保持したり、自由に変えたりすることは困難なことが多いです。同じ姿勢が続けば、体が痛くなったり、骨の変形を引き起こしたりするなどさまざまな支障をきたすことになります。不適切な姿勢が続けば、余計に筋緊張を高めさせてしまったり、呼吸に影響を及ぼしたりする可能性があります。したがって、学習内容に応じて適した姿勢になるよう座位保持装置を調整したり、時に身体を休ませたりするなど適度な姿勢変化が必要となります。

　自らある程度姿勢保持が可能な事例においても、姿勢に不安定さがあることで、姿勢の保持に注意が向けられ、学習に集中できなくなる恐れもあります。さらに、身体の成長とともに、これまで安定していたものが維持できなくなるケースもあり、子どもの成長をみながら、適切な支援が求められます。このように姿勢の安定を図っていくためには，理学療法士（PT）や作業療法士（OT）などの外部の専門家との連携が重要となります。

(3) 本当に必要な支援は何かを考える

　体を自由に動かせないことによって、できないことも多いかと思います。その際、いろいろなことを介助してしまいがちになります。介助をしなければできないことには支援が必要になりますが、過剰に介助してしまうことで、自らが行う機会を奪ってしまうことになりかねません。「歩く」という行為を考えてみても、通常の発達過程において1年以上かけて獲得していくことになります。その際には、あと一歩でできそうなこと、それを克服しながら一つひとつできることが増えていったはずです。「ボタンをとめる」「靴ひもを結ぶ」など、身辺自立に関わることも同じように経験を積み重ねながら獲得していったものでしょう。できないことをただ何度も繰り返すことは、子どもの動機づけを低くしてしまうことにつながりますが、逆に過剰な介助は大切な学習の機会を奪ってしまうことになります。子どもの状態を見極め、何が本当に必要な介助で、本人に努力してもらいたいことは何か、過剰な支援になってはいないか考えることが重要です。

(4) 受け身にならないようにする

　肢体不自由の子どもの中には、子どもの反応が乏しく、自らの想いを外部に発信することが難しいケースもあります。そのような場合、子どもの反応を促すために、教師が一方

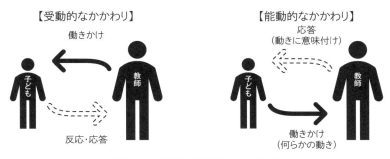

【受動的なかかわり】
働きかけ
反応・応答

【能動的なかかわり】
応答
（動きに意味付け）
働きかけ
（何らかの動き）

図7-2　教師と子どものかかわり

的に何らかの刺激を与えることが多くなります（図7-2左）。しかし、これでは教師の働きかけに対して、子どもは受動的に応答しただけになってしまいます。子どもの反応自体が明確に確認できない場合には、子どもの反応を引き出すための教師の働きかけを多くすることは大切です。しかし、子どもの反応がある程度見えるようになっても、その反応が微弱であったり、意味を見出せなかったり、動きが緩慢だったりすると、どうしても教師側からの働きかけが多くなる傾向があります。あるいは、子どもの反応を待てずに、次々と教師側から働きかけてしまう場合もあります。このような関係が続くと、子どもは自発的に反応する機会を失うことになり、受け身の状態に陥りやすくなります。

　子どもの自発的反応を導くためには、逆に子どもの反応に合わせて、教師が応答する場面設定が必要になります（図7-2右）。本来、対人コミュニケーションを考えた場合、双方が発信し合う関係が望ましいはずです。子どもの反応はなかなか出てこないかもしれませんが、それを引き出すための工夫、そして教師はしっかりと「間」をとって、子どものペースに合わせた関わりが大切になります。子どもの自発的反応を多く促すことで、教師も応答しやすくなります。そのために、環境をどのように設定するか、教材の工夫をどうするかを考えていく必要があるでしょう。

(5) 子どもの能力を決めつけて考えない

　早産低出生体重児による脳室周囲白質軟化症（PVL）では、上肢よりも下肢にまひが起こりやすいだけでなく、視覚認知処理に障害をもたらすことがあります。視覚認知処理障害とは決して目が見えないことを意味しているのではありません。脳性まひの子どもの中には、視力は正常であるにもかかわらず、目で見て図や文字を書こうとする際に、脳内での処理過程に問題があって、うまくそれらを遂行できないケースがあるのです。

　伊達・宇野（2014）は、PVLと診断され、視覚認知処理に障害を呈する小学校4年生の事例を報告しています。例えば、立方体の図形模写では、立体的な図形として描記により再現することが困難な様子がうかがえます（図7-3左）。文字の書き取りでは、ひらがなが

【図形模写時における誤りの例】　　**【書き取り時における誤りの例】**

図7-3　PVL事例による図形模写と文字の書き取りの例（伊達・宇野、2014より改変）
図左は見本となる立方体を模写した際の描記。図右はひらがなと漢字の書き取りをした際の書字。ひらがなの「べ」は回転し「で」に見える。漢字の「歌」は偏と旁が漢字1字分のスペースをとっており、間隔が広すぎる様子がわかる。

回転してしまったり、漢字のパーツを配置する際にアンバランスになってしまったりしており（図7-3右）、見たものを適した空間に配置するような視空間認知の弱さが推定されます。

　このように、何かの絵や文字を書き写す際に、一つひとつの形態は理解できたとしても、それを適した空間に配置したり、見たものを再現したりすることが困難になりやすいのが特徴です。漢字のように複数のパーツが配置されてできているものを書き写すことは非常に困難になるということがわかります。

　しかし、PVLによる両まひでは、下肢に比べて上肢のまひは軽いものの、何らかの運動まひが生じている場合があります。その際、書き写せないことを、上肢のまひによるものと考えてしまいがちです。「上手に動かせないからしょうがない」として何も支援しないまま、過ぎてしまう場合もありえます。実際には、その背景に認知面での歪み、すなわち視覚認知処理の弱さが隠されており、そのことが書字困難を引き起こしている可能性を忘れてはいけません。そのようなケースでは、同じような認知的歪みのある学習障害児に対する教材が有効な場合もあり、子どもの能力を詳細にアセスメントしたうえで計画的に支援にあたることが大切になります。

参考文献
・伊達健司・宇野彰（2014）「脳室周囲白質軟化症による視知覚障害が特異的書字障害の原因と推測された1例」『音声言語医学』55（2）、173-179

第3節　病弱・身体虚弱児の特徴と支援方法

1. 病弱教育における対象の変遷

　「病弱」と「身体虚弱」の意味は第1節で述べましたが、これらもまた医学的な用語ではありません。しかし、いずれも病気と深くかかわっており、病弱・身体虚弱児に対する教育の対象は医療技術の進展や社会状況と密接に関わっているために、時代とともに変化していきました。

　例えば、1960年代には、病弱教育の対象となる子どもたちは結核などの感染症が多くを占めていました。しかし、現在では結核の子どもが病弱教育の対象となることはほとんどありません。なぜならば、結核は予防や治療の方法が確立したことにより、その後は激減していったからです。これに代わって、1970年代からは気管支喘息や腎疾患などの慢性疾患に罹患する子どもたちが病弱教育の対象となっていきます。しかし、1980年代に入ると、そのような慢性疾患も医療技術の進展に伴って、重症化に至るケースが少なくなります。長期にわたって入院する必要が生じなくなると、通常の学級に在籍して通院により治療を続けることができるようになってきました。

　一方で、1990年代になると、白血病などの悪性新生物（がん）が病弱教育の対象として増加していきます。これは、がんの子どもが増えたことを意味するのではなく、治療効果が上がったことによる影響と考えられています（谷口、2000）。たとえば、小児がんの中でも最も多い「急性リンパ性白血病」は1970年代において低い生存率で不治の病でした。しかし、医療技術の進展にともない、現在では長期生存率が80％を超えるなど治る病気になりました。小児がんの生存率が低かった時代には、治療が最優先となりますし、教育の対象になりえなかったともいえます。しかし、小児がんが治る病気になると、普段の生活に戻ることを考えることができるようになります。このような背景が、病弱教育の対象として悪性新生物が占める割合の増加をもたらしたといえるでしょう。

　さらに、最近では心身症が病弱教育の対象として多くを占めるようになってきています。心身症とは、「身体疾患の中で、その発症や経過に心理社会的因子が密接に関与し、器質的ないし機能的障害が認められる病態」を指します（日本心身医学会教育研修委員会、1991）。ただし、神経症やうつ病など、他の精神障害に伴う身体症状は除外するとされていますので、精神障害とは区別されます。つまり、頭痛や腹痛、嘔吐など何らかの身体症

状が現れますが、その原因
には学校や家庭生活の環
境、対人関係などによる心
理社会的ストレスが密接に
関与しているということで
す。学校教育の問題として
は、不登校の子どもたちが
依然として増加傾向にあ
り、そのような子どもたち
の多くは初期症状として、

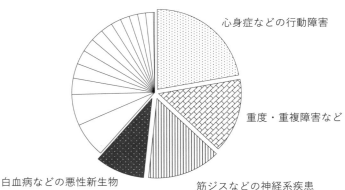

図7-4　病弱教育機関に在籍する児童生徒の病類別割合
日下（2015）より作成。上位4位以外の病類は省略した

検査をしてもはっきりと原因が明らかにならないような身体症状（不定愁訴）を示します。
近年では、このような心身症の子どもたちが増えてきており、一定の治療が必要となれば
病弱教育の対象となります。その他には、先述した筋ジストロフィや重度・重複障害児も、
病弱教育の対象に含まれることになります。

　図7-4は全国病弱虚弱教育研究連盟による2013年度の病類調査の結果を抜粋し、各病類
の割合を示したものです。これをみると、先に述べた心身症が多く、重度・重複障害、筋
ジストロフィなどの神経系疾患、そして白血病などの悪性新生物がそれに続きます。全国
データを集めた結果ですので、必ずしも各都道府県における病弱教育機関の実態を反映し
ているものではありません。しかし、各病類の割合を歴史的に振り返りながらみてみれば、
医療技術の進展や社会状況の変化に応じて、病弱教育の対象となる子どもたちの病気が変
わっていき、そして今後も変わっていくのだろうということが想像できます。

　このように病弱教育という視点から対象をみた場合、状態像は非常に多様であるという
ことが分かると思います。近年では、長期に入院して治療することよりも、なるべく入院
期間は短くして、在宅医療や通院により原籍校に戻していく傾向があります。さらに、気
管支喘息や腎疾患などの慢性疾患の子どもたちは罹患率が減ったわけではありません。病
弱教育の対象から外れたようにみえますが、実際には通常の学級に在籍しているのであ
り、彼らに対する支援がなくなったことを意味しているのではありません。したがって、
病弱・身体虚弱児に対する支援、そしてそれを行うための知識が通常学級の教員に対して
求められており、家庭との連携をとおして、医療・福祉および保健機関との連携が重要で
あることを意味しています。

2. 病気にかかるということ

(1) 病気は生活を制限させる

　病弱教育が対象とする病気の中には、治癒率が高くなったとはいえ「がん」のように依然として死因の上位にあるものから、最近では死亡率が減少したものの罹患率は上昇している「気管支喘息」に至るまでさまざまです。しかし、いずれも生活するうえで何らかの制限を生じさせることは共通しています。たとえば、「気管支喘息」であれば、継続して服薬を続けなければなりませんし、状態によっては運動が制限されることもあります（図7-5）。「糖尿病」であれば、定期的にインスリンを体内に取り入れるための注射を欠かさずにしなければなりません。このように、心身ともに健康な人々にとってふだん何気なく生活していることでも、病弱・身体虚弱児においては服薬の継続や運動制限、食事制限など、病気や病状によって、生活の中で制限されることが多かれ少なかれ存在するのです。

(2) 病状は変化する

　病気の状態はいろいろな要因によって影響をうけ、変化していきます。良くなったと思ったら、次には病状が悪化するなど、常に変化していくものです。例えば、気管支喘息の場合に、その多くはアレルギーが原因となります（図7-5）。そのアレルギー反応を引き起こすものとしてダニや埃といった「アレルゲン」が存在します。アレルギー反応は気管支に現れ、慢性的な炎症を引き起こします。これが、息苦しさ、咳・痰のようなさまざま

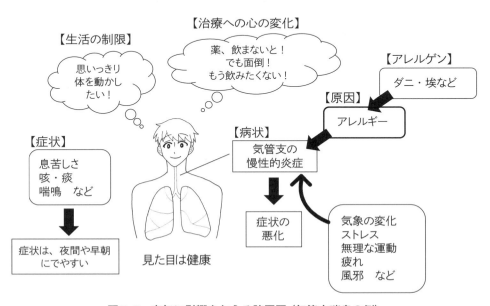

図7-5　病気に影響を与える諸要因（気管支喘息の例）

な症状をもたらすのです。その際、発作を誘発するアレルゲンがどの程度存在している環境なのか、によって病状は変化していきます。また、臨床的には天気や気圧の変化が喘息の病状に影響するといわれています。さらに、気管支喘息は心因的なものに起因して症状が悪化することも分かっており、先に述べた心身症の身体症状の一つでもあります。このように、病気はさまざまな因子による影響を絶えず受けており、病状もよくなったり悪くなったりを繰り返すものもあるのです。子どもの病状は絶えず変化することを気にしながら、子どもの様子を家庭と連携しながら継続的に把握していくことが大切です。

(3) 子どもの心は揺れ動くもの

　子どもに限らず、ひとの心はその時その場所で揺れ動くものです。たとえ、病気を受容したように見えても、「治療を受けたくない」「薬を飲みたくない」という気持ちになってしまうことはありうることです。これを単に「わがまま」ととらえるのは早計かもしれません。年齢が幼い頃は言われるがまま治療を受けていたとしても、将来をある程度見通せることができるようになると、自らの病気が受け入れ難くなる場合も、時として出てくることは自然です。「なぜできないのか」と諭すよりも、「どうしてそう考えるように至ったのか」を子どもから丁寧に聞き取る、あるいは読み取ることが大切です。

(4) 病気は外から見えないこともある

　脱毛やムーンフェイスなど、治療の過程で外見から病状がうかがえるものもありますが、一見すると普通であり、病気にはみえないものもあります。そのような場合、配慮を受けることが他児にとって特別扱いにみえてしまう恐れもあります。さらに、そのことがクラスのいじめへと発展していくことさえあります。たとえば、気管支喘息は、単なる「かぜの延長」程度にしか理解されていない場合も少なくなく、体調不良から体育の見学を訴えても、「ずる休み」と感じてしまう子どももいます。病気は外からは見えないということで生じるさまざまな誤解にも、教師は対応していく必要があります。

(5) 心は病状に影響を与える

　「病は気から」という言葉があるように、心と病気は密接に関わっています。治療に対するモチベーションが低下し、病気に立ち向かおうとする気持ちが薄れれば、病状は悪化していきます。教師は直接子どもの病気を治すことはできません。しかし、病気に立ち向かう力を与えることはできるでしょう。教師のかかわり方によっては子どもの病状を良い方向にも悪い方向にも変化させる可能性があるのです。

3. 病弱・身体虚弱の子どもたちへの支援の原則

(1) 子どもの病気を知る、理解する

　子どもの病気に関する情報は医学的なものも多く含まれますので、難解なこともあってどうしても病気を知ろうとする努力を怠りがちになります。たしかに教師は医師ではありませんので、病気を知る必要はないと思うかもしれません。しかし、病気に対する正しい理解は病気に対する偏見をなくすことにもなるのです。とりわけ、病弱教育の対象となる子どもの病気は長期にわたって治療が必要となります。子どもたちにとって病気を受容する過程において、次第に病気は自らを形成する一部ととらえるようになり、病気とともに生きていく覚悟が持てるようになります。すなわち、「病気を知る」ということは「子ども自身を知る」ということにつながっていくのです。

　一方で、「病弱・身体虚弱」の子ども自身も病気のことについて正しく理解できているとは限りません。第2章で述べているように、「自立活動」の6区分の中には「健康の保持」があり、「病気の状態の理解と生活管理に関すること」が項目として挙げられています。「病弱・身体虚弱」の子どもが自らの病状を正しく理解することは、能動的に自らの生活を管理できる力の育成へとつながっていき、その結果として病状の維持や改善をもたらします。そのような力の育成をサポートする教員にとって、子どもの「病気を正しく理解する」必要があり、そのためにも家庭や医療機関と連携していくことが重要です。

(2) 「勉強は楽しい」と思わせる授業や教材の工夫

　病弱・身体虚弱児はさまざまな制限により多様な体験を積むことができず、経験が不足することが起こりがちです。したがって、教材ではできる限り実物に触れる機会を多くしたり、ICT機器をうまく活用したりするなどの工夫が必要です。先述のように、現在ではなるべく早く元の学級に戻ることができるように、治療の場が病院から在宅あるいは通院による治療へと変化しています。その際、多くの子どもたちが不安になるのは勉強の遅れであり、元の学級に戻った際に授業についていけるのか、不安に感じるのです。そう考えると、病気療養中においても学習を進めていくことは、子どもが抱くさまざまな不安の一つを解消あるいは軽減させることにつながっていきます。

　しかし、子どもによってはどうしても勉強にモチベーションを維持することができないケースもあるでしょう。年齢相応の学習進度についていくことも大切ですが、新しいことに触れ、知らなかったことが分かり、できなかったことを克服するなどといった学びの楽しさを感じさせることが大切なのかもしれません。したがって、「病弱・身体虚弱」の子どもほど、勉強が楽しい、もっと勉強したいと思えるような授業づくり、教材づくりが教

員には求められているでしょう。

⑶ ひとのつながりを繋ぐ

　だれしも病気になれば、健康であった元の状態に戻りたいと思うのは当然のことだと思います。それは、ひとのつながりにおいても同様です。元の学校（学級）に戻りたい、友だちに会いたい、一緒に遊びたい。それらのことが治療に対するモチベーションになり、病気に立ち向かう原動力となるでしょう。特別支援学校や院内学級などで新たな友だちができるかもしれませんが、それでも元の学校（学級）の友だちとの交流をつないでおくことは、いずれ治療を終えて復帰することを考えれば有効でしょう。例えば、手紙のようなものからICT機器を活用した原籍校の子どもたちとの交流に至るまで、ひとをつなぐためのさまざまな工夫を考えることができるでしょう。

⑷ 子どもの視点に立って考える

　時として、病状の悪化により期待を裏切られたりすれば、医師や親などの周りの大人のいうことが信じられなくなったり、病気に向き合うことができなくなったりすることもあります。たとえば、小児腎疾患で多いネフローゼの場合、つらい治療を終えても、その後に再発を繰り返すことがあります。治ると信じて続けてきたことが、幾度となく裏切られることで、病気を治そうとするモチベーションが低下することもあるでしょう。その際に、治療を続けることを諭したとしても効果はないかもしれません。なぜそのような気持ちに至ったのか、子どもの視点に立って一緒に考えていく姿勢が重要です。

文献
・日下奈緒美（2015）「平成25年度全国病類調査にみる病弱教育の現状と課題」『国立特別支援教育総合研究所研究紀要』42、13-25
・日本心身医学会教育研修委員会（1991）「心身医学の新しい診療指針」『心身医学』31（7）、537-573
・谷口明子（2000）「日本における病弱教育の現状と課題」『東京大学大学院教育学研究科紀要』39、293-300

第4節　学校における医療的ケアの必要な子どもへの対応

1. 学校における医療的ケアとその変遷

(1) 医療的ケアとは

　複数の障害を併せ有する障害の重度・重複化、多様化が進んでいく中で、日常生活場面において医療的な介護が必要な子どもたちの存在がありました。さらに、医療技術の進展は、病院以外の場所での医療的な介護を可能にしてきました。このように治療を目的とした医療行為とは異なり、日常生活の維持を目的とした家族等が行う「生活援助行為」のことを「医療的ケア」と呼んでいます。「医療的ケア」の範囲はとても広いですが、現在、医師や看護師の免許がなくても、一定の条件を満たせば教職員が実施することができる5つの「特定行為」について、以下に簡単に説明します（図7-6）。

　特定行為を大きく2つに分けると、「喀痰吸引」と「経管栄養」になります。子どもの中には、自らの力でたんや唾液などの分泌物を外に吐き出せない場合があります。そこで、吸引器という機器を用いて「喀痰吸引」を行います。ただし、教職員が実施できるのは、鼻腔内、口腔内、そして気管カニューレ（空気の通り道を確保するために、喉から気管までを切開して挿入した太い管のこと）内部といった視認できる部分に限定されています。さらに、子どもの中には食べたり飲んだり（摂食）、飲み込んだり（嚥下）することが困難なケースがおり、そのような場合には鼻から胃に、あるいは胃や腸に直接チューブを挿入して栄養を送る「経管栄養」を行います。前者を経鼻経管栄養、後者を胃ろう、腸ろうによる経

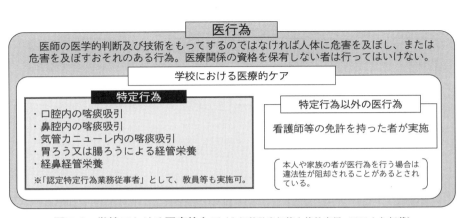

図7-6　学校における医療的ケア（文部科学省初等中等教育局、2019より転載）

管栄養と呼びますが、チューブが正しく挿入されているかを確認するのは看護師等が行うことになっています。

(2) 医療的ケアへの取り組みの変遷

　医療的ケアが必要な子どもたちが学校で教育を受ける体制が整備されていなかった頃、そのような子どもたちが教育を受けるためには、基本的には教員が家庭や病院に出向く訪問教育か、学校への保護者の同伴を必要としてきました。そのため、医療的ケアを必要とする子どもの保護者にとって、在宅も含めて、絶えず付き添いが求められることで負担が大きいことが問題点として指摘されてきました。

　このような問題に対応するために、1980年代終わり頃から、保護者の付き添いがなくとも、学校で医療的ケアが実施できるような体制づくりが模索されてきました。しかし、医療的ケアは、教員が行う職務なのか、医師でなければ行うことができない医行為にあたるのか、事故があった場合の責任の所在はどこにあるのか、などの問題が生じました（飯野、2006）。そこで、文部科学省は1998年度より段階的に実践研究を積み重ね、2003年度には医療的ケアに関するモデル事業を実施しました。2004年には、文部科学省初等中等教育局長より通知「盲・聾・養護学校におけるたんの吸引等の取扱いについて」が出され、看護師の配置など医療安全の確保が確実となる条件を満たせば、教員でも「たんの咽頭手前の吸引、経管栄養、自己導尿の補助」の3つの行為が認められるようになりました。なお、2005年には3つの行為のうち「自己導尿の補助」は医療行為ではないとされたことから、その他の2つの行為が医療的ケアの範囲となりました。ただし、医療的ケアは「実質的違法性阻却（違法ではあるが仕方ないもの）」の考えで成り立っており、当面のやむを得ない措置として容認されたものでした。しかし、2011年に文部科学省初等中等教育局長通知「特別支援学校等における医療的ケアの今後の対応について」が出されたことで、特別支援学校の教員も一定の研修を受ければ、前述のように客痰吸引や経管栄養といった特定の医療的ケア（特定行為）の実施が制度上可能となりました。

2. 医療的ケア児の増加と広がり

　医療的ケアが必要な子どもの数は年々増加する傾向にあります。その増加の背景には、さまざまな要因が考えられるものの、周産期医療技術の進展により、わが国では新生児死亡率が極めて低く、これまで救えなかった命を救えるようになってきたことが影響しています。そのような中には、医療的ケアを必要とする子どもが含まれており、新生児集中治療室（NICU）等で長期にわたって入院するケースが増えていきました。その一方で、NICUを必要とする子どもの増加は、常に満床状態で緊急入院が必要な妊婦や新生児に対

する対応を困難にさせる事態を引き起こしました（中村、2020）。医療は「病院から在宅へ」の流れが進んでおり、医療的ケアに必要なさまざまな医療デバイスの小型化が進んだことで、在宅医療へと移行していきました。厚生労働省によれば、在宅での医療的ケア児（0歳から19歳まで）は約2万人であると推計されています（令和3年度）。さらに、文部科学省による調査でも、特別支援学校における医療的ケアが必要な子どもの数は増加傾向にあり、近年では8000人程度で推移していることが明らかにされています（図7-7左）。また、医療的ケアに対応する看護師の数も年々増加していることがわかります。

　さらに、医療的ケアを取り巻く状況は変化していきました。たとえば、特定行為以外の医療的ケア、すなわち、人工呼吸器の管理などが必要な子どもたちが急増していき、保護者等の付き添いなしで人工呼吸器を装着している子どもを学校で受け入れることが課題となっています（北住、2018）。さらに、これまでの医療的ケアの多くは重度・重複障害児を対象としていたのに対して、近年では、知的障害もなく、歩いたり走ったり、会話したりすることもできるが、医療的ケアが必要な子どもたちの存在も明らかになりました。すなわち、現在の医療的ケアが必要な子どもの対象は広がったことから、そのような子どもたちを包括する用語が必要になり、「医療的ケア児」と呼ばれるようになりました。

　このように医療的ケア児の対象の広がりから、医療的ケア児が教育を受ける場として、これまでの特別支援学校から、地域にある小・中学校等も対象になりつつあります。図7-7右に示すように、幼稚園（認定こども園を含む）、小学校、中学校、高等学校に在籍する医療的ケア児は増加傾向にあることがわかります。しかし、特別支援学校のように一つの学校に多数の医療的ケア児が在籍するものとは異なり、地域にあるこれらの学校では、学校に1人の医療的ケア児というケースも少なくありません。したがって、看護師の数も併せて急増していることがわかります（図7-7右）。このことは、看護師等の外部専門職の

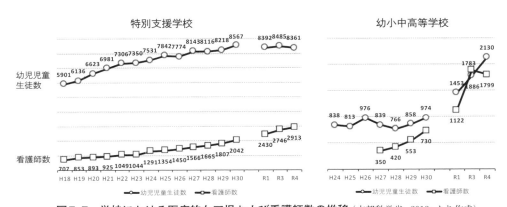

図7-7　学校における医療的ケア児および看護師数の推移（文部科学省、2018aより作成）
令和元年度より調査対象に国私立の特別支援学校、幼小中高等学校が加えられたため、グラフは線でつなげていない。なお、令和2年度は調査未実施による。

不足を招き、医療的ケア児が就学する上での体制づくりを困難にさせている一つの要因にもなっています。

　2019年には文部科学省初等中等教育局長より通知「学校における医療的ケアの今後の対応について」が出され、医療的ケア児の増加や特定行為以外の医療的ケア児への対応など、医療的ケア児を取り巻く環境の変化、それにともない地域の小・中学校等を含めた全ての学校における医療的ケアへの対応がまとめられました。2021年には、医療的ケア児支援法が施行され、医療的ケアは「人工呼吸器による呼吸管理、喀痰吸引その他の医療行為」、医療的ケア児は「日常生活及び社会生活を営むために恒常的に医療的ケアを受けることが不可欠である児童」と定義されています。さらに、保育所、認定こども園、地域の幼稚園や学校等、放課後児童クラブ等への医療的ケア児の受け入れに際しては、看護師、介護福祉士等を配置するなど、国や地方公共団体によって支援をしていくことが責務となりました。

　ただし、たとえ医療的ケアの体制づくりが整ったとしても、医師（主治医、学校医など）や看護師、保護者と教職員が連携し、チームとして協働して取り組んでいかなければなければ、安全性の確保は難しくなります。たとえば、前述の人工呼吸器の管理が必要なケースの場合、特定行為以外の医療的ケアであるため、学校に配置された看護師が主に対応していくことになりますが、身近にいる教員が子どもの状態を把握できていなければ、必要な場面で看護師を呼ぶこともできません（北住、2018）。子どもの日々の体調の変化は保護者からの情報提供が不可欠になります。医療的ケアを受ける子どもの負担は、ケアを実施中の子どもの様子をよく観察することによって、実際にケアにあたる看護師と情報共有することで、その負担を軽減することにつながる可能性があります。実際に医療的ケアを実施できる者は限られたとしても、人任せにせず、それぞれの役割を意識しながら主体的かつ協働的に関わっていくことが重要です。

3. 学校における医療的ケア実施の意義

　医療的ケア児が教育を受ける機会を保障しなければならないことはいうまでもありませんが、医療的ケア児が家庭や病院ではなく、学校に通学し、教育を受けることの意義はどこにあるのでしょうか？

　まず、学校で教育を受けることで、これまでの訪問教育から通学への移行となり、児童生徒が登校できる機会、すなわち学習する機会が増えることにつながります。学習機会が増えることは、日々の授業において継続性が保たれることになり、教育内容が深まることが期待されます。文部科学省から出されている資料をみても（文部科学省、2018b）、学校で医療的ケアを実施することの教育的意義が述べられています。たとえば、経管栄養等を

通じて生活のリズムが形成されること、吸引や姿勢変換の必要が生じた場合に教員を含む他者に自分の意思や希望を伝える力の形成が育まれることなどが考えられます。学校には教員のみならず、多くの同世代の子どもたちがいます。その中で、社会的コミュニケーションの力が育まれることも期待されるでしょう。保護者以外の教員や友だちなどの他者から、がんばったことやできたことなどを認められることは、医療的ケア児の自己肯定感を高めることにもつながるはずです。医療的ケアは治療の一環ではなく教育の一環であり、教育を受けるために必要な生活支援を実施することです。すなわち、子ども自身による「自己実現」「自分づくり」を支援するものであることを忘れてはなりません。

参考文献

飯野順子（2006）「医療的ケアの新たな展開」『学校保健研究』48（5）、385-391

北住映二（2018）「"医療的ケア"の再定義」『小児看護』41（5）、522-529

文部科学省（2018a）「平成29年度特別支援学校等の医療的ケアに関する調査結果について」https://www.mext.go.jp/a_menu/shotou/tokubetu/__icsFiles/afieldfile/2018/03/29/1402845_04_1.pdf（2023年5月13日閲覧）

文部科学省（2018b）「学校における医療的ケアへの対応について」https://www.mext.go.jp/component/a_menu/education/micro_detail/__icsFiles/afieldfile/2018/01/22/1399834_001.pdf（2023年5月13日閲覧）

文部科学省（2023）「令和4年度学校における医療的ケアに関する実態調査結果（概要）」https://www.mext.go.jp/content/20230324-mxt_tokubetu02-000028303_4.pdf（2023年5月13日閲覧）

文部科学省初等中等教育局（2019）「学校における医療的ケアの実施に関する検討会議（最終まとめ）概要」https://www.mext.go.jp/a_menu/shotou/tokubetu/material/__icsFiles/afieldfile/2019/03/22/1413967-001.pdf（2023年5月13日閲覧）

中村知夫（2019）「医療的ケア児に対する小児在宅医療の現状と将来像」『Organ Biology』27（1）、21-30

第8章

知的障害のある子どもの教育課程と
授業づくり

第1節　知的障害のとらえ方と支援の原則

1. 知的障害のある子どもとは

　文部科学省の「障害のある子供の教育支援の手引」によると、知的障害とは、「同年齢の子供と比べて、『認知や言語などにかかわる知的機能』の発達に遅れが認められ、『他人との意思の交換、日常生活や社会生活、安全、仕事、余暇利用などについての適応能力』も不十分であり、特別な支援や配慮が必要な状態」であると記されています（文部科学省、2021）。すなわち、知的障害とは、「知的機能」と「適応能力」の両面から発達をとらえ、同年齢の子どもと比べて特別な支援や配慮が必要な状態のことを指しています。

　一般的には、「知的機能」に遅れがあると、運動や言語面に遅れが生じます。それらは身辺自立を難しくしたり、同年齢の子どもたちとの遊びについていけなかったりするなど、社会生活を営むうえで特別な支援が必要になります。「知的機能」といえば、知能検査や知能指数（IQ）を思い浮かべるかもしれません。たしかに、知的機能を把握するものとして、標準化された（多くのデータを集めて客観的に検証された）知能検査が存在します。しかし、知的障害とは、知的機能の高低だけで決められるものではありません。そこには、「特別な支援や配慮が必要な状態」であるのか、という視点が重要となります。すなわち、身辺自立や社会生活能力、そして対人関係などを含めて、日常生活や学校生活を営む上での社会に適応する能力が同年齢の子どもと比べて著しく低い場合には、特別な支援や配慮が必要になるはずです。また、具体的な支援や配慮の必要性は、個人の問題だけでは決まらず、周りの環境や社会による影響も受けます。

　知的機能が低ければ適応能力も低くなる傾向はあるでしょう。しかし、同じ知的機能であるからといって、支援や配慮する内容が同じかといえば、それは個々の子どもによっても、そして周りの環境によっても異なるでしょう。すなわち、知的障害はかなり複合的な

要因により生じており、多様性を持っているのです。

2. 知的障害を引き起こす発生要因

知的障害はいかなる原因で生じるのでしょうか？

知的障害は、遺伝子や染色体異常のように発生初期の段階から生じるものから、脳炎など出生後に生じるものなどさまざまなレベルで起こります（図8-1）。さらに、発生要因が明確にはわからない「原因不明の知的障害」もあります。病因がはっきりとわかるものは病理型知的障害とよばれています。たとえば、ダウン症候群は、21番目の染色体が1本多いトリソミーという染色体異常により引き起こされる知的障害です。特徴のある顔貌で、言語面に著しい遅れがあるだけでなく、一般よりも高頻度で心疾患などさまざまな合併症が生じます。一方で、発生要因が分からない自然発生的に生じるものは生理型知的障害と呼ばれます。病的遺伝子疾患はある特定の病的遺伝子により引き起こされますが、生理型知的障害では、複数の遺伝子の組み合わせによって症状が生じる多因子遺伝によるものと考えられています。このように、知的障害とは病名ではなく、均質な集団でもありません。知的障害の発生要因がさまざまであることからも、多様性のある集団であることがわかるでしょう。

・遺伝子異常
　多因子遺伝
　病的遺伝子
・染色体異常
・代謝異常
・脳発生異常
・胎生期の環境因子
・周産期の異常
・出生後の異常

図8-1　知的障害の発生原因

3. 知的障害のある子どもの支援の原則

知的障害とは多様性のある集団です。それは、同じダウン症児であっても、共通の状態像がありながら、知的機能や適応能力の発達には個人差があります。したがって、知的障害のある子どもの支援に即しては、個々の実態に応じたオーダーメイドの支援が必要となります。ただし、これは一人ひとりの子どもがもつさまざまな困難に対して対症療法的に支援を行うことを意味しているのではありません。同年齢の子どもに比べれば「できない」ことは多く存在します。個々の実態を把握することは言うまでもありませんが、将来を見据えた際に、どのような力をつけることがいま求められているのか、何が必要なのかを考え、教育課程全体を通じての支援が必要です。一方で、行動パターンを繰り返し練習することで、行動を覚えこませるような支援方法は危険です。なぜならば、社会は常に変化していくからです。行動のパターン化も時には必要でしょうが、社会の変化に対応できるような力をつけることこそが将来を見据えた際に大切になるでしょう。

参考文献

文部科学省（2021）「障害のある子供の教育支援の手引～子供たち一人一人の教育的ニーズを踏まえた学びの充実に向けて～」https://www.mext.go.jp/a_menu/shotou/tokubetu/material/1340250_00001.htm

第2節　知的障害児の教科指導の実際

1. 国語の授業づくりの実際

　言語は、すべての教科等の学習の基盤となるものであり、国語科は、児童・生徒の学習活動を支える重要な役割を担っています。ここでは、知的障害児への国語指導について説明します。

(1) 国語科の目標

　『特別支援学校学習指導要領各教科等編』(2018年) では、国語科の目標は「言葉による見方・考え方を働かせることが、国語科において育成を目指す資質・能力をよりよく身に付けることにつながることになる」と記されています。

　国語科の学習は、子どもの日常生活や社会生活と深く関わる教科です。そのため、子どもの「国語で理解し表現する能力等」を、授業の中だけでなく、日々の生活の中でも気にかけ、把握しておく必要があります。子どもがどんな言葉を知っているのか、指示や説明を聞いて動けるのか、自分の意志や要求をどのように伝えるのかなどを把握し、実態に合わせて個別の目標を設定することが必要です。

　このように、特別支援学校の教師は、教室の机の上での学習だけではなく、最終的には、社会生活の中で言葉を使えるように学習の成果が発揮されることが大切だということを常に念頭に置いて指導しています。

(2) 教材の工夫と国語科の言語活動

　実際に授業を行う際には、子ども一人ひとりの実態に応じて単元計画を立て、教材を選定します。同じ学習グループの中でも実態に差がある場合もあるので、個別の指導・支援と全体での学習をバランスよく組み立てます。

　また、知的障害をもつ子どもは、授業で学んだことを日常生活場面で活用していくのが難しい場合が多くあります。そのため、学習内容と日常生活をつなぐ言語活動を設定することが重要であり、そのため授業の中にさまざまなストーリーを組み込んで指導しています。

　例えば「書くこと」の授業で考えると、小学部ではただ単語を書く

のではなく、「おつかいに行くので、買う物の名前をメモに書いて持って行く」というストーリーに沿って行うことで、より日常生活に近づく上に、子どもの「書きたい」という気持ちを高めることができます。

　中学部や高等部では、家族や友だちに実際に手紙を書く授業を行い、具体的な相手を思い浮かべながら書くことで、相手に応じた語句の使い方に気を付けたり、意欲的に書こうとする気持ちを高めることができます。

　このように、子どもが学習した内容を日常生活の中でも活用することができるよう、言語活動を充実させていくことが必要です。以下に言語活動の一例を挙げます（表8-1）。気を付けなければならないのは、「言語活動ありき」になってしまうのではなく、子どもの実態と付けたい力を明確にして言語活動を組み立てていくことです。

表8-1　学習内容と言語活動の例

学習内容	言語活動例
平仮名を読む	自分や友だちの名前を文字チップで構成する。
体験したことについて伝える	アナウンサーになって、ニュースの内容を考える。
文字を書く	食べ物の名前を書いて、レストランのメニューを作る。
文章を読み取って行動する	説明書を読んで、その通りに機械を動かす。

　最初にも述べましたが、国語科はすべての教科等の基盤となります。国語を使って考え、表現する力を育むことによって、子どもの世界は内外に広がり、より豊かな生活を送ることに繋がっていくと考えます。

2. 算数・数学の授業づくりの実際

(1) 算数・数学の目標

　『特別支援学校学習指導要領各教科等編』(2018年、105) では、算数科の目標は「数学的な見方・考え方を働かせ、数学的活動を通して、数学的に考える資質・能力」を育成する

〔資料〕特別支援学校の算数の指導案と教材

小学部　算数科　学習指導案

1　単元　わくわく！ピクニック　〜対応・数唱・計数〜

2　単元設定の理由

　　本グループは小学部○年生○名で構成され、基本的な学習態度は身についている。数量の実態としては、A児は5までの数唱ができるが、3以上の数になると数唱と指さし動作が一致せず、正確な計数が難しい。B児は、10までの数唱ができるが、ものの個数と数詞や数字の理解が不十分で、「ぜんぶでいくつ？」の質問に正確に答えることが難しい。そこで、半具体物を使った操作的な活動を通して、対応や計数の理解を図りながら、集合数の理解へと発展させたいと考えた。

　　本単元では、「ピクニックに行こう」という文脈を設定し、児童が楽しみながら学習できるようにした。ピクニックに出掛け、皆でお弁当を食べるという一連の流れの中に対応、数唱、計数や集合数の学習を位置づけるようにした。このように文脈化された活動の中で協働的に学習することで活用力を育成したいと考えた。

3　単元の目標

児童	知識及び技能	思考力・判断力・表現力等	学びに向かう力・人間力
A児	5までのものの集まりと対応して数詞が分かる。	半具体物を対応することができる。1〜5を数詞で表現できる。	数に関心をもち，対応，数唱，計数を活用しようとする。
B児	10までのものの集まりや数詞と対応して数字が分かる。	対応が完成した最後の数詞を集合数として数字で表現できる。	数に関心をもち，集合数を活用しようとする。

4　指導計画（10時間扱い：1単位45分）

　　第1次　いろいろなものをかぞえてみよう ……………… 1時間
　　第2次　ピクニックに行こう ……………………………… 9時間（本時は第2時）

5　本時の展開

時刻	学習内容・活動	指導上の留意点
○：○	1　本時の学習内容を知る。 　(1)始めの挨拶 　(2)本時の学習内容と目標の確認 2　「すうじのうた」を歌う。	・学習内容や目標を確認することで、目標を意識して活動に見通しをもてるようにする。 ・教師と一緒に歌い、数詞と数字を対応できるようにする。
○：○	3　「ピクニックに行こう」の学習をする。 　(1)お話を聞く。 　　今日は、お弁当を持って皆でピクニックに出掛けます。森の動物たちと一緒にお弁当を食べましょう。 　(2)ピクニックに出掛ける。 　(3)お弁当のおかずの数を数える。 　・おにぎり、卵焼き、ウィンナー（5まで）（A） 　・ブロッコリー、ミニトマト（10まで）（B） 　(4)皆にお弁当のおかずを配り、食べる。 4　ワークシートで学習する。 　・A：5までの対応、数唱、計数の課題 　・B：10までの集合数の課題	・話を聞くことで、活動の内容を理解できるようにする。 ・文脈化することで、楽しく学習できるようにする。 ・Ａには、半具体物を対応させながら一緒に数えるようにすることで、5までの数を数えられるようにする。 ・Ｂには、半具体物を数えた後の数詞を数字と対応することで、10までの集合数が理解できるようにする。 ・ワークシートに取り組むことで定着を図ることができるようにする。
○：○	5．本時のまとめをする。 　(1)本時の振り返り 　(2)終わりの挨拶	・学習を振り返り、次時への期待を高められるようにする。

第Ⅱ部　さまざまな障害・病気の子どもの発達・心理と支援

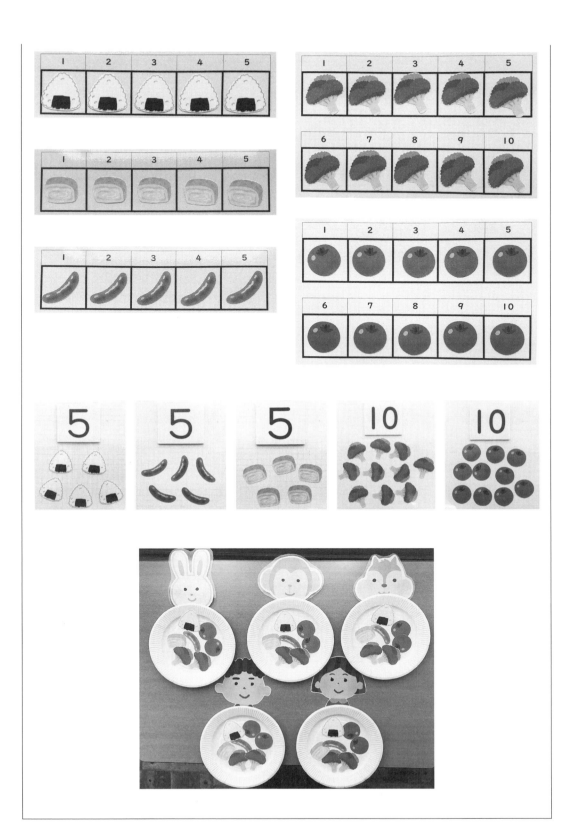

ことであると記されています。算数科の学習は、抽象的で知的障害のある子どもにとっては、難しい内容です。そのため、日常生活との関連を意識させながら指導することが重要となります。また、授業場面だけでなく日常生活の中で、例えば物を並べたり、配ったり、数えたりする様子をよく観察し、子どもの実態を把握しておく必要があります。子どもの数の能力の発達の段階や認知の仕方の特性等を十分に把握し、個々の目標を設定することが必要です。

　このように、特別支援学校の教師は、最終的には、教室の机の上だけでの学習だけではなく、社会生活の中でも算数・数学の学習の成果が日常生活で十分に発揮されることを常に念頭に置いて指導しています。

(2) 指導上の留意点

　知的障害児への算数指導において重要なことは3点あります。

　まず、1点目は、子どもの算数の力を適切に把握することです。算数という教科内容や指導支援については特に系統性が重要で、現在の子どもの実態から目標を設定することが必要となります。しかし、同学年においても知的障害児の発達には大きな差が見られることが多く、多様な実態の子どもが同じ集団の中に存在しているのが実態です。その中には、弁別や分類、対応といった前算数的な段階、つまり本格的な算数指導の前段階にいる場合もあります。そのように子どもの多様性を踏まえ、自分が指導する学習集団の子どもの算数の実態を適切に把握することに努めましょう。その際に、心理検査等さまざまなアセスメントの結果は重要なデータとなります。結果を読み取る知識や技能は教師にも必要となります。

　しかし、現場教師にとっては、例えば、休み時間に子どもがおもちゃを並べる場面や給食の配膳の際に食器を配る場面等、日常生活の何気ない子どもの様子から算数の実態を把握する視点や力量がより重要です。なぜなら、日常生活の中で生きて使われている算数の力がそこにあるからです。日々の子どもとのかかわりを教科の視点で見つめる姿勢を心掛けてください。

　2点目は、実態把握に基づいた学習内容を設定することです。2018年の学習指導要領では、知的障害をもつ子どもの算数を四つの領域（A数量の基礎、B数と計算、C図形、D測定）と三つの段階に分け、系統的体系的に学習内容がまとめられています。そして、算数の目標を「数学的な見方・考え方を働かせ、数学的活動を通して、数学的に考える資質能力を次のとおり育成することを目指す」としています。教師は、それら学習内容を受け、具体的に「数学的活動」を設定し、授業を展開することになります。その際に、算数の能力は、例えば具体物を並べたり、合わせたり、取り除いたりといった実際的な操作的な活動を通

して形成されると考えられています。そのため「数学的活動」を設定する際には子ども自身が直接行う操作的な活動を取り入れるように配慮しましょう。また、授業で育成された算数の力が日常生活場面で実際に活用されるようにするためには、子ども自身が算数の学習と自分の日常生活とのつながりが感じられるようにする配慮も必要です。そのための方法として、学習活動を文脈化する方法が考えられます。文脈化とは、例えば、友だちとピクニックに行くという場面を設定し、その中で対応や計数の学習を行うといった設定をするということです。

　最後に、学習の評価についてです。子どもが学習した成果は必ずしも授業中に発揮されるとは限りません。むしろ、授業場面以外で発揮されるということは、学習成果が子どもの中にしっかりと根付いている証しということもできます。例えば、足し算を学習した子どもが給食の配膳の時に、教師の数と友だちの数を合わせて合計を求めていたなど、授業中ではない思わぬ場面で学習成果を発揮することもあります。実態把握と同じように評価についても子どもの日々の様子も注意深く観察することが大切です。

　以上のような三つの点を意識しながら、子どもが算数の世界を楽しみ、楽しい活動の中から子ども自身が学習することが特別支援学校の教科指導です。

参考文献
・新井英靖・茨城大学教育学部附属特別支援学校編（2016）『1からはじめる教科指導　感じる・考える・伝え合う授業づくり』明治図書

第3節　知的障害児の「領域・教科を合わせた指導」の実際

1. 日常生活の指導

(1) 日常生活の指導とは

　日常生活の指導とは、教科等を合わせた指導の一つで、主な学習内容は、着替え、トイレ、食事、清潔（手洗い・うがい・歯磨き等）などの基本的な生活習慣に関する内容や挨拶、言葉遣い、時間を守ること、きまりを守ることなどの日常生活や社会生活において習慣的に繰り返されることが挙げられます。

　特別支援学校では、こうした指導を朝の時間や給食時、帰りの会の時間など、毎日決まった時間帯に設定して指導しています。トイレや手洗いなどの学習内容については、家庭と

連携しながら学校生活全般を通して実際の場面で指導しています。日常生活の指導は、こうした毎日の積み重ねを大切にし、教師が適切に実態を把握して指導を段階化して取り組んでいます。

(2) 日常生活の指導の実際―着替え「ボタンを留める」場面を例にして―

　実際に行われている「着替え」の場面を取り上げてみていきましょう。

　「着替え」ができるようになるまでには、たくさんのステップがあります。ここでは、多くの知的障害児がつまずく、「ボタンを留める」ことについてみていきます。「ボタンを留める」活動は、ボタンやボタンホールの大きさ、ボタンの厚さ、ボタンの位置などによって難易度が変わり、小学部から指導を開始しても成果がすぐにあらわれず、高等部まで指導を継続することもある指導課題です。

　まず、「ボタンを留める」に注目して一つひとつの動きを分析してみます。どのような手順なのかを自分で実際にやりながら確認してみましょう。私たちはあたりまえのように取り組んでいますが、左右の手の動きが異なることに気が付きます。

　手順は、①指でボタンホールの位置を確認する、②ボタンをつまむ、③ボタンの向きをホールに合わせる、④ホールに入れる、⑤反対の手でボタンをつまんで引っ張る、というようになります。指導する子どもは「ボタンをどの指を使ってつまんでいるか？」、「ボタンを留める時の顔の向きや視線はどうか？」など、手順のどこにつまずきがあるのかを確認し、実態をつかみます。

　もちろん、着替えの指導場面において、手順表や写真を提示したり、やり方の手本を示したりといった個別のアプローチは必要です。しかし、それだけでは不十分です。「つまむ」「入れる」という目と手の協応動作の課題に対してのアプローチが必要になってきます。

「つまむ」「入れる」という課題にはどのようなものがあるでしょうか。例えば、自立活動の時間に、貯金箱にコインを入れるという課題が考えられます。机上に置いたコインをつまむ、穴に入るようにコインの向きを変える、コインを入れるなどボタンを留めるための課題を設定することができます。子どものやってみたい気持ちを引き出すために、コインを入れたら音が鳴ったり、光ったりする教材を用意すれば、興味をもって活動に参加するでしょう。「つまむ」「入れる」を日々の学習活動に意図的に取り入れていき、楽しみながら取り組んでいたらいつの間にか身に付いた、そのような指導が知的障害のある子どもには効果的です。

このように日常生活の指導では、ボタンを留める活動一つをとっても、着替えの場面に対してのアプローチ、目と手の協応動作に対してのアプローチを組み合わせて行います。日常生活の指導は、他の学習場面や生活場面での活動と有機的に関連をもたせながら、生活や学習の文脈に即して、スモールステップで段階的に指導することが重要です。

2. 遊びの指導

(1) 「遊びの指導」とは

知的障害の特別支援学校には、発達が未分化な子どもたちが多くいます。遊びの指導は、こうした子どもの発達を促す上で重要な活動であり、教科別の学習の基礎となる力を育てています。特別支援学校学習指導要領では、遊びの指導を次のように記しています。

> 遊びの指導は、主に小学部段階において、遊びを学習活動の中心に据えて取り組み、身体活動を活発にし、仲間とのかかわりを促し、意欲的な活動を育み、心身の発達を促していくものである。
>
> (『特別支援学校学習指導要領解説　各教科等編（小学部・中学部）』2018年、32)

遊びの指導の内容としては、各教科にかかわる広範囲なものが扱われます。特に生活科との関連が強くあるほか、音楽科、図画工作科、体育科などとも関連があります。『特別支援学校学習指導要領解説　各教科等編（小学部・中学部）』では、次のように段階別に内容が示されています（表8-2）。

表8-2　遊びの指導の段階と主な内容

第1段階	教師や友達と同じ場所で遊ぶ。
第2段階	教師や友達と簡単なきまりのある遊びをする。
第3段階	友達と関わりをもち、きまりを守ったり遊びを工夫し発展させたりして、仲良く遊ぶ。

(2) 「遊びの指導」の展開のポイント

　ここでは、小学部の児童に対する「遊びの指導」を例にみていきたいと思います。子どもは、もともと遊びそのものを楽しもうとします。しかし、知的障害児は、人との関わりが弱かったり、新しい遊びを見つけたりすることに困難を抱えていますので、遊びをより発展させ、主体的に活動することが難しい面があります。

　そこで教師は、まず子どもが遊びに没頭できるように、できるだけ遊びを制限することなく、安全に遊ぶことができる場の設定をします。そして、子どもの遊びがより楽しくなるように関わったり、遊びを広げたりしていきます。こうした指導をするためには、子どもの思いに共感し、共に楽しむことが大切です。また、子どもの自発的な活動を大切にしながら、遊びがより活発になるように子どもの行動を先取りせず、子どもの思いを後押しするような支援が必要です。自分から遊びに入っていくことが難しい子どもには、教師が寄り添いながら遊びに誘ったり促したりすることで、遊びの楽しさを伝えるようにしていきます。

　たとえば、小学部1・2年生は、場や遊具等が限定されることなく比較的自由に遊ぶことや、素材の感触を楽しむことを大切にしています。具体的には、外に出て自分の興味・関心によって、ブランコに乗ったり、砂遊びをしたり、すべり台をすべったりして自由にいろいろな遊びをします。また、新聞紙をビリビリ破いたり、ひらひらさせたりして、新聞の素材そのものを楽しんだりもします。

　小学部低学年では、午後に自由遊びの時間を設けています。その中での一例を紹介します。ある児童が積み木で遊んでいました。緑と赤を黄色二つで挟んだところで教師が「ハンバーガーだね。」と言葉掛けをし、「ハンバーガー、一つください。」と客に扮して注文しました。一人で遊んでいた児童はとっさに店員になり、「はい、どうぞ。」と積み木のハンバーガーを渡しました。「ありがとう。むしゃむしゃ…うん。おいしい。」と言う教師の姿を見た児童は次のハンバーガーを作り、他の児童に自分から「はい、どうぞ。」と届けました。教師が「一緒に食べよう。」と言うと児童は自分の分も作り、笑顔で「むしゃむしゃ…」と楽しんでいました。教師が児童の遊びに意味付けをし、認めて広げたことで、他児にかかわろうとするきっかけとなりました。このようなきっかけをつくることで、その後も友達と活動する楽しさや充実感を味わうことができるようになりました。このように、教師が子ども一人ひとりのよさを他児にも知らせ、友だちと関わる充実感を感じられる言葉掛けをすることで、人と関わる力が育まれていきます。

　3年生以上の子どもであれば、遊具、ボール、粘土、積み木などを使った遊びを組み合わせ、設定された場や課題に沿って取り組む遊びへと段階的に進めていきます。低学年で培った、自分から遊具や素材、人と関わる力をさらに伸ばしていくことを大切にします。

このような課題遊びが、音楽科や図画工作科、体育科等の教科の学習へと発展していきます。具体的には以下のような題材を取り上げることが多くあります（表8-3）。

表8-3　遊びの指導の主な題材

新聞紙、段ボールを使った遊び（破いたり、乗ったりする遊びなど）
粘土、土、砂、水、絵の具などを使った遊び（小麦粉粘土遊び、泥遊び、水遊びなど）
積み木遊び
ボールを使った遊び（転がす・投げる・入れる・蹴る遊びなど）
遊具を使った遊び（ブランコ、すべり台、ジャングルジムなど）
乗り物を使った遊び（三輪車・自転車乗りなど）
ごっこ遊び（ままごと、お店屋さんごっこ、劇など）
音楽を使った遊び（身体表現、楽器を使った遊びなど）

3. 生活単元学習

(1)「生活単元学習」とは

　知的障害を有する児童生徒の学習上の特性として、学習によって得た知識や技能が断片的になりやすいことや、日常生活での体験や経験が少なく、実際の生活の場で活用すること（般化）が難しいということが挙げられます。

　そうしたことから、学習や生活の流れに即して学んでいくことが効果的であるということから、「各教科等を合わせた指導」として、日常生活の指導、遊びの指導、作業学習が行われており、生活単元学習はその中の一つとして位置付けられています。

　生活単元学習は、児童生徒が生活上の目的を達成したり、課題を解決したりするために、一連の学習活動を組織的・体系的に体験することによって、必要な事柄を実際的・総合的に学習するものです。そのため、広範囲に各教科の目標や内容が扱われ、様々な教科を関連させながら、児童生徒の目標を達成していくことが求められています。つまり、実際の生活に即した場面を単元化していくことにより、児童生徒自らが主体的に学習活動に取り組むことができるようにし、それぞれの深い学びに繋げていくという指導形態です。

(2)「生活単元学習」の授業づくり

　生活単元学習は、一つの単元が授業2回から3回で終わる場合もあれば、一定期間、あるいは、年間を通して指導する場合もあります。また、単元を設定するにあたっては、児童生徒の成長や興味・関心に意識を向け、発展的・創造的に考えていくこと、生活経験や課題を的確にとらえて計画していくことが必要です。

　たとえば、小学部の生活単元学習では、日常生活場面や季節行事など、身近な生活場面から指導目標を考えて、単元を設定します。学年が上がるにつれて学校生活を基盤として、中学部では、自分でできることを増やしていくための活動を取り入れていきます。さらに

高等部では、将来の自立や就労を目指し、自分の役割や相手を意識して活動することができるような内容にしています。そのため、単元を設定するにあたっては、発展的に系統性をもって考えていく必要があります。

【生活単元学習　他校や他団体との交流学習の実践例】
　他校の児童生徒や他団体との交流など、交流学習も実施しています。生活単元学習で交流学習を扱うと、ただ親睦を深めるだけでなく、国語科や算数科の力を活用したり、美術科や音楽科の活動を取り扱ったりといった、教科・領域を合わせた指導を展開することができるのも、生活単元学習で交流学習を取り扱うポイントです。

〔交流学習　各部目標例〕

小学部（高学年）	中学部	高等部
○自分のことや学校のことを、A小学校の児童に紹介することができる。	○学校間の交流を通して、人と積極的に関わろうとする態度を養うとともに、相互の理解を深めることができる。	○同年齢の高等学校の生徒と一緒に協力して活動することを通し、経験を広げ、社会性を高めることができるようにする。

　交流学習を通して、小学部では、自分ができることから他者に関係性を広げていこうとし、中学部では、人間関係形成の態度の育成、高等部では、協力して活動し、経験や社会性を広げていこうとする等、交流学習という授業の趣旨から逸れずに、児童生徒の成長に合わせた指導ができるように、単元内容を発展、工夫していくことが大切です。
　中学部「B中学校と交流しよう」の実践例を挙げます。生徒が交流学習の見通しをもち、意欲的に活動に取り組むことができるよう、事前学習を丁寧に行っていきます。教師が目標や交流内容を決めてその通りに行うわけでなく、どのような活動をすれば、交流会が盛り上がるか、楽しむことができるかを考える場面を設定するなど、生徒が主体的に学習できるように展開していくことが大切です。学習の見通しをもつために、写真や動画などの教材を用いて学習したり、過去の交流学習を想起し、活動内容を考えることができるようにしたりします。最近では、オンラインでの交流をするなど、対面形式以外の交流も行われるようになりました。この交流学習では、共通制作「ダイバーシティ・アクアリウム〜C校水族館〜」という単元を設定しました。共通の制作（美術科：墨絵）をし、共同制作作品を順に鑑賞するという授業内容です。自己紹介（国語科）をしながら自分の作品を紹介したり、感想を伝え合ったりするなど、教科領域を合わせた指導の教育効果が発揮されました。

(3) 評価について

　生活単元学習は、生活上の目標や課題を達成するための学習であるので、児童生徒の状況を総合的に把握しておくことが重要です。児童生徒の学習活動での様子や変化、成長を正確に見取り、記録をとって評価していきます。また、学習の成果が児童生徒の実際の生活に生かすことができるよう、児童生徒の学習の様子を保護者と共有することも大切です。

4. 作業学習

(1) 作業学習とは

　作業学習とは、「作業活動を学習活動の中心にしながら、児童生徒の働く意欲を培い、将来の職業生活や社会自立に必要な事柄を総合的に学習する」（『特別支援学校学習指導要領解説各教科等編（小学部・中学部）』2018年）活動であるとされています。作業活動であるため、作業学習の成果が直接、子どもの将来の進路等に直結させるというイメージをもちがちではありますが、働く意欲を培いながら、将来の職業生活や社会自立に向けて基盤となる資質・能力を育むことができるようにしていくことが重要です。

　作業学習で取り扱われている作業活動の種類は、農園芸をはじめ、紙加工、木工、窯業クリーニング、清掃、接客等、多種多様となっています。その学校の地域性や産業界との連携を図りながら、作業種を決定しています。

　作業学習を指導するにあたっては、以下の6点が考慮事項として挙げられています。

（ア）生徒にとって教育的価値の高い作業活動等を含み、それらの活動に取り組む喜びや完成の成就感が味わえること。

（イ）地域性に立脚した特色をもつとともに、原料・材料が入手しやすく、永続性のある作業種を選定すること。

（ウ）生徒の実態に応じた段階的な指導ができるものであること。

（エ）知的障害の状態等が多様な生徒が、共同で取り組める作業活動を含んでいること。

（オ）作業内容や作業場所が安全で衛生的、健康的であり、作業量や作業の形態、実習期間などに適切な配慮がなされていること。

（カ）作業製品等の利用価値が高く、生産から消費への流れが理解されやすいものであること。

（出典：文部科学省（2009）特別支援学校学習指導要領解説総則等編〈幼稚部・小学部・中学部〉248）

---

(2) 作業学習の指導のポイント

　作業学習では、挨拶や返事、報告、または分からない時の聞き方などに重点を置いて指導をしている学校が多く見られます。挨拶や返事など基本的なスキルは、企業就労を目指す場合でも福祉作業所を希望する場合でも必要であると考えます。しかし、基本的なスキルのみを獲得していても、場面に応じて使い分けたり、必要な場面で活用したりすることができなければ、就労先で適応していくことは難しくなってしまいます。

スーパーで働く場合の報告のタイミングを例に考えてみましょう。学校生活の中では、一つの工程が終了したら「○○が終わりました」と報告するのが一般的ですが、スーパーでは、品薄になった商品から補充をしなくてはなりません。最初に頼まれた仕事が終了していなくても次の仕事を依頼されて優先的に取り組まなくてはならない状況もしばしば見られます。状況を見ながら気持ちを切り替えて行動したり報告したりすることが必要になってきます。

　では、実際の作業学習について考えてみましょう。作業学習の指導においては重要な点が三つあります。

　1点目に、友だちとの関わりや学び合うことができる場面を設定することです。卒業後、どんな仕事に就いたとしても人と関わる場面は必ずあります。自分の作業工程を黙々とこなすことのみでは、自分が何を作ってどのような役割を果たしているのか見えにくくなり、達成感や責任感をもつことが難しくなります。友だちと協力して一つの作業を行う場面や、お互いに相談しながらさまざまな工程に取り組む機会を設定することで、効率の良い作業方法を工夫したり、一緒に製品を作る喜びや達成感を味わったりすることができ、結果として仕事に対する責任感が育つことが期待できます。

　2点目に、自分で作業内容を選択できる機会を設定することです。実際、企業就労した場合等を考えると、自分で仕事を選択することは難しいかもしれません。しかし、作業学習の時間にどのような些細なことであっても自分で選択する機会を作ることで、「やらされている」という気持ちから、「自分で選択したことをやる」という気持ちに変わり、自分の選択した作業に最後まで責任をもって取り組んだり、仕事に対してやりがいを感じたりする機会となることが期待できます。

　3点目に、決まったやりとりだけではなく、予測していない質問等をして生徒に考える機会を意図的に作ることです。生徒からの「○○が終わりました」という報告があり、教師が次の仕事を依頼する前に、「○○の材料はどのくらい残っていますか」「お客さんはどのような色の組み合わせが欲しいと思いますか」等の生徒が予測していない質問を加えることで、生徒が自分で考える機会となり、作業中もただ工程をこなすだけではなく、考えながら取り組むようになります。予測していない質問や状況等を作り、少しずつ繰り返していくことで、自分でさまざまなことを考えながら作業に取り組んだり、周囲に目を向けたりする気持ちが育ち、状況に応じた対応や判断力を身に付けることができると考えます。

【執筆者】

荒川　　智（あらかわさとし・茨城大学名誉教授、1章）

新井　英靖（あらいひでやす・茨城大学教育学部障害児教育教室、はじめに、2章1節、3章）

益子　由香（ましこゆか・茨城大学教育学部附属特別支援学校、2章2節）

中島　正憲（なかじままさのり・茨城大学教育学部附属特別支援学校、2章3節）

細川美由紀（ほそかわみゆき・茨城大学教育学部障害児教育教室、4章）

石田　　修（いしだおさむ・茨城大学教育学部障害児教育教室、5章）

田原　　敬（たばるけい・茨城大学教育学部障害児教育教室、6章）

井口亜希子（いぐちあきこ・茨城大学教育学部障害児教育教室、6章）

勝二　博亮（しょうじひろあき・茨城大学教育学部障害児教育教室、7章、8章1節）

橘　　乃布衣（たちばなのぶえ・茨城大学教育学部附属特別支援学校、8章2節1）

根本　教子（ねもとのりこ・茨城大学教育学部附属特別支援学校、8章2節2）

桑田　明奈（くわたあきな・茨城大学教育学部附属特別支援学校、8章3節1・2）

菅原　　透（すがわらとおる・茨城大学教育学部附属特別支援学校、8章3節3）

江間留美子（えまるみこ・茨城大学教育学部附属特別支援学校、8章3節4）

大村　弘美（おおむらひろみ・茨城大学教育学部附属特別支援学校、8章3節4）

【編集協力】

茨城大学教育学部カリキュラム開発センター

【イラスト】

荒井　亜美（あらいあみ）

村山　　啓（むらやまけい）

いらすとや

※所属は執筆時のものです。

改訂版 特別な支援を必要とする子どもの理解と教育

2023年10月1日　第1刷発行

編著者　茨城大学教育学部障害児教育教室
　　　　茨城大学教育学部附属特別支援学校
発行者　竹村正治
発行所　株式会社 かもがわ出版
　　　　〒602-8119　京都市上京区堀川通出水西入ル
　　　　TEL 075(432)2868　FAX 075(432)2869
　　　　振替 01010-5-12436
　　　　ホームページ http://www.kamogawa.co.jp
印刷所　シナノ書籍印刷株式会社

ISBN978-4-7803-1296-6 C0037
©2023